bleu

LA COTE AFRICAINE

O³
33

LA COTE AFRICAINE

D'ALEXANDRIE A TANGER

L'Égypte. — La Tripolitaine. — La Tunisie. — L'Algérie. — Le Sahara. — Le Maroc.

1889

Société de Saint-Augustin,
Lille, Bruges.

PRÉFACE.

CHAQUE année d'innombrables publications illustrées paraissent sur les pays étrangers. La relation suivante se distingue de tous les ouvrages du même genre par une note spéciale, qui, dominant tout le récit, est comme la caractéristique du livre : la note religieuse. Au lieu de ne citer, à l'instar des voyageurs ordinaires, que rarement et comme à regret les créations que le zèle apostolique enfante sous tant de formes dans les pays infidèles, nous les mentionnons avec empressement, nous efforçant d'en faire ressortir les avantages, apprécier l'opportunité, valoir le mérite. Sur toutes les plages lointaines où nous rencontrons les missionnaires, une sympathie profonde nous attire vers ces hommes de DIEU. Qu'ils parlent français, anglais, flamand, espagnol, italien ou allemand, ce sont pour nous des frères.

Mais, comme on le verra, l'attention que nous accordons à leurs œuvres ne nous fait négliger aucune des curiosités profanes qui se rencontrent dans leurs différentes missions. Eux-mêmes nous en feront les honneurs. La plupart des dessins qui illustrent le texte ont été gravés d'après des photographies envoyées par ces vaillants apôtres de la foi, qui passent leur vie entière au milieu des populations dont ils ont entrepris l'évangélisation.

Quelle satisfaction le lecteur chrétien ne doit-il pas éprouver en parcourant ces pages ! Ces églises, ces écoles, ces hôpitaux semés sur tous les points du monde, n'est-ce pas l'Œuvre de la Propagation de la Foi, n'est-ce pas l'humble obole jetée chaque semaine dans le trésor commun des missionnaires par les fidèles de tous les pays, qui les a édifiés et qui les entretient ? Quelle joie pour nous en voyant combien de missions nouvelles ont été rendues possibles, combien de missions anciennes ont été rendues florissantes, grâce aux modestes cotisations dont la multitude constitue le royal budget de l'apostolat ! Quel bonheur d'avoir contribué au splendide épanouissement de la vraie foi, dont nous sommes aujourd'hui les témoins !

Sans abandonner aucune des œuvres destinées à soulager les souffrances de ceux qui nous touchent de près, n'oublions donc pas le denier hebdomadaire, le sou par semaine de la Propagation de la Foi. Ce léger sacrifice ne restera pas, même dès maintenant, sans récompense. Les vingt mille missionnaires disséminés sous toutes les latitudes immolent chaque jour l'Hostie sainte pour tous leurs bienfaiteurs ; leurs prières, unies aux prières de leurs orphelins, de leurs néophytes, de leurs martyrs, feront descendre sur nous d'incessantes et abondantes bénédictions.

L'ÉGYPTE.
I. — Alexandrie. — Tantah. — Zagazig. — Le Caire.

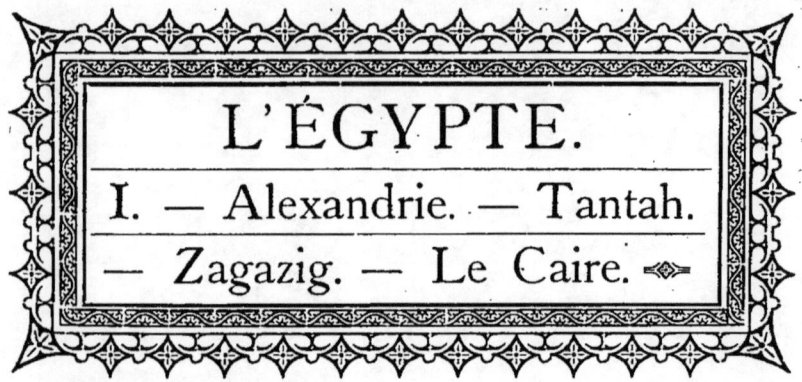LEXANDRIE. — De tous les ports qui donnent accès au continent mystérieux, nous n'en connaissons pas de plus superbe que cette capitale semi-orientale, semi-européenne, fondée par Alexandre, défendue par César, prise par Napoléon. Assise au bord de la mer à l'extrémité d'un des angles du Delta formé par les branches du Nil, elle tient pour ainsi dire dans ses mains toute l'activité, tout le commerce de l'Orient : elle a à son service deux ports, un beau canal et un chemin de fer.

Nous allons demander l'hospitalité aux Pères Jésuites qui possèdent dans cette ville un magnifique collège. Un couvent de Franciscains, des Sœurs de Saint-Vincent de Paul qui tiennent un pensionnat florissant, une résidence de Lazaristes, des Frères des Écoles chrétiennes, jettent, à l'aide de l'éducation et de la prédication, des germes de christianisme et de vertu au sein de cette Babylone de 230,000 âmes.

Les restes d'antiquités sont rares à Alexandrie, tant elle a été de fois ruinée et saccagée. Elle n'offre d'intéressant au voyageur que la colonne de Pompée et la place des Consuls. Il y a quelques années, on y montrait les Aiguilles de Cléopâtre, obélisques de granit rose couverts d'hiéroglyphes, transportés depuis, l'un à Rome, l'autre à Londres. Ces monolithes proviennent d'Héliopolis et appartenaient au temple du Soleil. Là, au milieu d'un champ de blé dans le prolongement d'une allée de maigres arbres, survivant seuls aux ruines qui elles-mêmes ont disparu, se dresse encore

ÉGYPTE. — Obélisque d'Osortésen a Héliopolis près le Caire.

l'obélisque d'Osortésen Ier, roi égyptien contemporain du trisaïeul d'Abraham. Ce dernier débris d'une civilisation disparue, vieux de quarante-cinq siècles, est le plus ancien obélisque connu du monde entier.

Nous disons adieu à la patrie d'Origène, de saint Clément, de saint Athanase. La locomotive, avec des sifflements aigus, nous entraîne rapidement en longeant les bords du lac Maréotis. La plaine que l'on parcourt, couverte de cotonniers et de maïs, excite d'abord vivement la curiosité, puis elle fatigue par son invariable monotonie. La voie ferrée traverse les deux grandes artères ou branches principales du Nil, outre une multitude de canaux qui, selon la pittoresque et ingénieuse expression d'un missionnaire, forment comme le système veineux de cette terre fertile. Chemin faisant, nous stationnons devant quelques petites villes sans noms historiques et sans importance. Nous apercevons dans la campagne de nombreux villages de Fellahs (Arabes cultivateurs) dont les huttes de boue desséchée au soleil, surmontées d'une sorte de pigeonnier, n'offrent que la porte pour toute ouverture. C'est là qu'habite, dans un complet dénuement, la population en apparence la plus pauvre au milieu du pays le plus riche et le mieux cultivé du monde. Le contraste est saisissant et douloureux. Bientôt apparaissent au loin dans la plaine immense, puis se rapprochent et grandissent deux minarets et une coupole : c'est Tantah.

Tantah. — Nous nous arrêtons dans cette cité pour visiter le bel établissement que les Pères des Missions Africaines de Lyon y ont fondé récemment.

Placée à moitié route sur la ligne d'Alexandrie au Caire, au cœur même du Delta, à égale distance des deux branches du Nil, celle de Rosette et celle de Damiette, cette ville importante est, en raison de sa situation privilégiée, appelée au plus brillant avenir (*voir la gravure* page 6).

Depuis quelques années seulement, les deux tours

de l'église grecque schismatique et les deux flèches toutes nouvelles de l'église copte dressent aussi la croix en face du croissant des minarets, et proclament que le Prophète ne règne pas en maître absolu dans ces contrées.

Sauf ces monuments religieux, Tantah n'a rien qui la distingue des autres grands villages des Égyptiens. Constructions en briques où la teinte grise domine, maisons à un ou deux étages et à terrasses, ruelles étroites, sales et obscures, bazars arabes avec leurs petites boutiques de deux mètres carrés, çà et là une maison de mine plus décente, une façade blanche, des fenêtres peintes, une rue à l'européenne, magasin et café grecs, quelques usines pour l'égrenage du coton, tel est l'aspect général de Tantah.

On a, paraît-il, certains projets d'agrandissement et d'embellissement, mais nous sommes en Orient, pays où la valeur du temps n'a pas cours! On commencera les travaux demain, *boukra*, c'est-à-dire dans cinq, dix, vingt ans.

Dans les quartiers musulmans ou coptes, la population grouille comme dans une fourmilière, c'est une véritable ruche d'abeilles, sauf l'ordre et la propreté ; aussi, s'il y a exagération à affirmer, comme les gens du pays, que le nombre des habitants monte à 200,000, il n'y a aucune hyperbole orientale à dire qu'il s'élève au moins à 80,000.

Trois fois l'an, on célèbre des fêtes en l'honneur de Saïd-el-Badoui, saint musulman en vénération à Tantah : au premier de l'an, aux environs de Pâques et au mois de juillet, à l'époque de la crue du Nil. Une foule innombrable accourt à ces cérémonies, qui sont en même temps des foires importantes. Mais c'est surtout au grand *mouled* du mois de juillet que les pèlerins affluent. D'après les calculs les moins exagérés, on peut évaluer leur nombre, en moyenne, à 800,000 ou 1,000,000.

Pendant le *mouled* du mois de janvier et durant huit jours, les cheiks et les élèves de la mosquée font des processions dans la rue principale de la ville. D'abord s'avancent quatre chameaux, dont la bosse est surmontée de deux caisses roulantes et d'un artiste qui frappe tour à tour, sur l'une et l'autre, deux, trois, quatre coups à gauche, pour un coup à droite. C'est, du reste, une musique nationale que l'on retrouve à chaque instant pour les fêtes, les mariages et la circoncision. La gravité de ces musiciens, tout fiers du bruit qu'ils font, est vraiment digne de remarque.

Quant aux chameaux, ils disparaissent sous de sombres draperies ornées à outrance de petits miroirs, de coquillages, de franges, de drapeaux, etc. Après eux marchent des chantres qui prononcent le nom de DIEU : « Allah, » d'un ton de basse ; chaque note dure de quinze à vingt secondes. La moitié du chœur a-t-elle fini, que l'autre répète le même mot en remontant de deux ou trois tons. On voit ensuite deux ou trois douzaines d'individus, formant des cercles et tenant à la main une sorte de petit tambour de terre de la grandeur d'un bol et recouvert de peau. Rien de drôle comme ces cortèges, dont la moitié avance à reculons, branle la tête en mesure et frappe une écuelle à chaque inclination.

Puis des cheiks, graves comme des Catons, s'avancent au milieu des rangs par groupes de trois à quatre, et après eux, des choristes de la mosquée, tous vêtus de blanc, se tiennent par la main sur deux files et marmottent des versets du Coran. Ces figures pâles, surmontant de longs cous rasés, ces physionomies niaises, sont à voir.

Les deux files chantent tour à tour un verset du Coran en baissant d'un demi-ton à la finale, ce qui donne à leur prière le faux air d'un de nos psaumes psalmodiés en chœur. Les principaux cheiks, tous richement vêtus de soieries et de cachemires, terminent la procession.

Des drapeaux à profusion précèdent les différents groupes. La plupart sont magnifiques. Quelques-uns, plus saints sans doute, sont portés sans être développés par deux hommes dont l'un tient le haut de la hampe, l'autre le bas. Les pieux fidèles viennent toucher ces drapeaux de la main et se passent sur la figure la vertu qui en sort.

De Tantah jusqu'au Caire la voie ferrée se développe en ligne directe sur une longueur de 90 kilomètres. A mi-chemin, à Béné, vient se greffer à angle droit sur le tronc principal le rameau qui dessert Zagazig.

Zagazig. — Grâce aux Pères des Missions Africaines, cette ville de 40,000 âmes est, elle aussi, pourvue d'une école française. La branche du Nil qui arrose Zagazig porte le nom de fleuve de Moïse ; c'est sur elle, d'après une tradition, que le berceau du grand législateur hébreu aurait été exposé. Cette province, l'une des plus fertiles de l'Égypte, n'est autre, paraît-il, que la terre de Gessen dont il est parlé dans la Genèse. La population est en majorité arabe et musulmane ; on y compte cependant un bon nombre de Grecs et de Coptes schismatiques, une vingtaine de familles maronites et quelques Européens ; les catholiques de Zagazig sont à peu près trois cents.

Continuons notre voyage. Le ruban de fer se prolonge à perte de vue au sein d'une campagne chargée d'une végétation luxuriante, entrecoupée de mille canaux qui se croisent en tous sens. Mais voilà que tout à coup la végétation disparaît et sur notre gauche, dans la direction de Suez, le désert se déroule avec ses mamelons couleur de feu, ses sables embrasés, ses horizons sans limite et baignés d'une lumière éblouissante. En face de nous une ville à l'aspect étrange, avec ses dômes, ses terrasses, ses palmiers et ses trois cents minarets se détachant admirablement sur l'azur foncé du ciel,

ÉGYPTE. — TOMBEAUX DES CALIFES, PRÈS DU CAIRE, d'après une photographie du R. P. Jullien, de la Compagnie de Jésus.

s'offre à nos regards. C'est la *cité victorieuse*, *El Kahera*, la ville la plus populeuse de l'Afrique entière, la capitale de l'Égypte : c'est Le Caire.

Le Caire. — Assise sur la rive droite du Nil, cette ville a la forme d'un parallélogramme, long de quatre kilomètres et large de deux et demi. Le désert l'enserre de trois côtés, au nord, au sud et à l'est.

La partie occidentale, arrosée par le Nil, présente l'agréable contraste d'une végétation magnifique. Des bois de palmiers, entremêlés de vertes prairies, d'élégantes villas, de belles avenues d'acacias et de sycomores, annoncent et commencent les riches campagnes du Delta.

Le Caire compte environ 400,000 habitants, dont 12,000 Coptes, 9,000 Francs, 4,000 Juifs, 2,000 Grecs, et autant d'Arméniens, le reste est mulsuman. On y trouve 400 mosquées, 30 églises ou chapelles des divers rites chrétiens et 10 synagogues. Placé en quelque sorte au point d'intersection de l'Asie et de l'Afrique, Le Caire est l'entrepôt naturel du commerce de l'Orient. De nombreuses caravanes, composées de longues files de chameaux pesants, solennels, et précédés d'un petit âne qui règle la marche, affluent de tous les points de l'Afrique centrale et de l'Arabie, et trouvent facilement asile dans ses 1300 khans ou caravansérails.

Cette ville immense, bâtie en arabesque, comme toutes les villes de l'Orient, offre un inextricable labyrinthe de ruelles non pavées, sinueuses, malpropres, bordées de hautes maisons bariolées de bandes rouges et blanches.

Comme à Alexandrie, nous sommes reçus au Caire avec la plus affectueuse cordialité par les Pères de la Compagnie de Jésus. Leur collège de la Sainte-Famille compte des élèves de toute nationalité, de toute couleur, de toute langue. Le pensionnat des Frères des Écoles chrétiennes est aussi très florissant. Il y a en outre, au Caire, une belle église catholique, à laquelle sont attachés douze religieux Franciscains, un couvent des Dames du Bon Pasteur qui dirigent un orphelinat et un ouvroir, et s'occupent du soin des malades, un couvent de Clarisses italiennes, et un hôpital desservi par trois Sœurs françaises et deux Sœurs espagnoles, appartenant à la congrégation de Saint-Joseph de l'Apparition. Cet hôpital occupe, dans le quartier franc, l'hôtel qu'habitèrent le général Bonaparte puis le général Kléber, et où ce dernier fut assassiné.

Boulak, l'un des deux ports du Caire, est un gros village de 4 à 5,000 âmes, situé sur la rive droite du Nil. On y arrive par une belle avenue, où se croise une foule incessante de promeneurs, de chevaux, d'ânes, de chameaux et de voitures.

Le musée, créé et dirigé par un savant français, M. Mariette, se compose presque exclusivement d'antiquités égyptiennes. Nous y voyons un grand nombre de momies, de sarcophages, de statues de pierre, de bronze, de marbre. Ce qui nous intéressa davantage, ce fut le sarcophage récemment ouvert de Ramsès II (le grand Sésostris). Près de lui sont exposés son fils Ramsès III, son père Séti Ier et d'autres célébrités pharaoniques moins retentissantes. Chacun de ces souverains est placé sous une vitrine, au milieu de tous les ornements, armes, joyaux d'or et d'argent, pierres précieuses, etc., qui leur avaient appartenu et remontant à plus de trois mille ans.

Au pied de la citadelle du Caire se trouvent les tombeaux des Califes, au nombre d'une cinquantaine ; la plupart sont surmontés de dômes de style roman ou arabe, renflés au centre, étranglés à la base. Malgré leur état de délabrement, l'aspect en est véritablement grandiose (*voir la gravure* page 11).

La mosquée de Méhémet Ali, bâtie par le pacha de ce nom, est le plus beau morceau d'architecture de la capitale. Il consiste en quatre dômes sur lesquels est superposée une cinquième coupole qui s'élève dans les airs avec une hardiesse surprenante.

On arrive à la citadelle par une chaussée moderne accessible aux voitures. Cette citadelle, qui est une sorte de petite ville, renferme dans sa triple enceinte, outre le palais du vice-roi, un hôtel des monnaies, une imprimerie, une fonderie de canons, une manufacture d'armes, divers ateliers d'équipements militaires, enfin et surtout, la mosquée et le tombeau de Méhémet Ali. Nous traversons une première enceinte, puis une seconde servant de vestibule, et nous sommes dans la mosquée. Elle est couronnée d'une riche et vaste coupole, et bâtie sur le plan des grandes mosquées de Constantinople, ou plutôt de Sainte-Sophie, qui leur a servi de modèle. Nous en faisons le tour, les pieds dans des babouches de cuir rouge. Après avoir considéré d'un œil assez indifférent ces marbres, ces jaspes, ces albâtres, ces ornements de cuivre et de bronze doré, prodigués sans goût ; après avoir visité le tombeau du grand civilisateur de l'Égypte, qui voulait que sous son règne le paletot pût aller, sans crainte comme sans danger, jusque dans la terre de Sennaar, nous suivons notre guide sur une terrasse, d'où l'on découvre un immense et splendide panorama. C'est, sans contredit, ce que la citadelle offre de plus intéressant.

De cette hauteur l'œil embrasse à l'ouest la ville du Caire, le cours et la vaste vallée du Nil ; au nord-est, le chemin de fer de Suez et l'aiguille d'Héliopolis; au sud, les ruines de Memphis et divers groupes de pyramides, parmi lesquelles celles de Gizeh élèvent leurs colossales assises se détachant sur le fond rougeâtre du désert, et présentant, à quatre lieues de distance, leur masse imposante. Là, sous les sables, est enseveli le vieux monde égyptien, cette civilisation des premiers âges, dont les ruines prodigieuses et les indestructibles monuments attestent encore, à travers les siècles, la puissance et la grandeur. Nous ne pouvons détacher nos yeux de ce spectacle. Nous l'admirâmes longtemps en silence, tantôt debout, tantôt assis, tout entiers aux réflexions qu'il faisait naître. En la présence de ces grandeurs déchues, le *vanitas vanitatum* de l'Ecclésiaste nous offrait une saisissante application.

Mais on se lasse de tout, même des plus belles choses ; et puis, notre guide arabe s'ennuyait ; il fallut céder à ses instances et descendre avec lui au puits de Joseph, dernier article du programme que nous étions en train d'exécuter.

Ce puits, que la tradition attribue au fils de Jacob, au patriarche Joseph, premier ministre de Pharaon et sauveur de l'Égypte, est de forme carrée et creusé dans le rocher. Il a 95 mètres de profondeur. Un vaste palier le partage en deux étages, et on y descend par une spirale à pente douce. Un mécanisme grossier, mis en mouvement par des bœufs, fait monter l'eau, et la distribue dans des bassins disposés autour d'une cour intérieure. Notre visite fut courte. Nous rentrâmes couverts de sueur et de poussière, pour nous reposer et préparer la grande excursion du lendemain aux lieux sanctifiés par le séjour de la Sainte Famille.

II. — Souvenirs sacrés et souvenirs profanes. — 1. LA SAINTE FAMILLE EN ÉGYPTE.

Es pèlerins chrétiens ne sauraient traverser l'Égypte sans visiter Héliopolis et Mataryeh, lieux bénis où la Vierge Marie, saint Joseph et l'Enfant-Dieu passèrent la plus grande partie de leur exil sur la terre africaine. Ce n'est qu'une promenade de quelques kilomètres.

Montés sur des baudets forts et agiles, suivis d'un jeune guide arabe, nous partons du Caire par la grande route ; et après avoir traversé de beaux champs de coton, de trèfle et de blé, nous rencontrons un bas-fond, où il y a presque toujours de l'eau, qui s'étend à droite jusque vers le désert. Au bord de cet étang commencent les constructions de Mataryeh.

Comme partout, la plupart des maisons sont en briques crues, faites avec le limon du fleuve ; pourtant, un certain nombre d'habitations mieux bâties ont un étage au-dessus du rez-de-chaussée.

La route laisse ce village à droite et passe devant la mosquée neuve, construite en belles pierres blanches par les soins du vice-roi Temlik 1er, propriétaire d'une grande partie des terres.

Le village se termine au nord de suite après la mosquée. Suivant toujours la route, on a, à droite, un champ bien arrosé, au fond duquel on aperçoit, entre deux bois de citronniers, un arbre énorme et fort ancien : c'est le sycomore de saint Joseph. Après avoir longé un autre petit bois de citronniers, le chemin tourne à droite et aboutit au jardin de l'arbre de la Vierge.

Entrons dans ce pieux jardin. Une très ancienne tradition rapporte que la Sainte Famille habita dans ce lieu ; qu'à la prière de Marie, une source jaillit du sol, et donna à cette terre aride une fertilité merveilleuse. On montrait là un mur et une petite fenêtre qui faisaient partie de la demeure de la Sainte Famille. Les chrétiens bâtirent sur ce mur une église dédiée à la Très Sainte Vierge, dans laquelle ils célébraient avec grand concours de fidèles, le 24 du mois copte de Biham (31 mai), la fête de l'arrivée des illustres fugitifs en Égypte. Cette église subsista longtemps, même sous le joug des mahométans qui vénéraient ces lieux et avaient construit une mosquée dans le voisinage. Ils ne la détruisirent que dans le siècle dernier.

Autour de la source, on cultive le précieux arbuste qui fournit le baume (baume de La Mecque), ce qui a fait donner à ce jardin le nom de jardin du Baume. Les évêques coptes prenaient là le baume qui entre dans la composition du saint chrême. Depuis longtemps cet arbuste a disparu du pays.

Actuellement le jardin du Baume est un jardin moderne d'un hectare environ ; la moitié est en allées et plates-bandes fleuries, l'autre moitié est un bois de citronniers. Ce n'est point l'arbre qui porte le citron de Corse ou le limon d'Algérie ; son fruit n'a que la grosseur d'une noix et est extrêmement acide.

A quelques mètres de la porte d'entrée, au nord du jardin, est une double noria qui élève l'eau dans des pots de terre attachés à des cordes faites avec le fil du palmier ; de grossières roues de bois sont mises en mouvement par bœufs. C'est ce qu'on nomme dans le pays une *Sakieh*.

Voilà ce qui reste de la source miraculeuse. L'eau ne sort plus à la surface ; elle s'arrête à 3 mètres 50 au-dessous du sol, probablement exhaussé ; elle conserve, en été, une admirable fraîcheur et ne diminue jamais lors même que les *Sakieh* du voisinage sont taries. Évidemment cette eau n'est pas due aux filtrations du Nil ; il y a une véritable source, et peut-être

La Fuite en Égypte. — Groupe du Fr. Ferrer, de la Compagnie de Jésus

la seule de l'Égypte, car d'où peut venir une source dans un pays où il ne tmobe pas plus de 3 à 4 centimètres d'eau par an, où la pluie suffit à peine à humecter la poussière des chemins dix à douze fois dans l'année ?

ÉGYPTE. — Source de la Vierge, dans le Jardin du Baume, a Mataryeh, près du Caire ; d'après une photographie du R. P. Jullien, S. J.

C'est sans doute cette source qui a donné au village le nom de *Mataryeh*, qui signifie eau fraîche, eau nouvelle.

Nous buvons pieusement cette eau qui, selon la tradition, a soulagé bien des infirmités dans les siècles passés.

L'arbre de la Vierge est à une vingtaine de mètres au sud-est de la source, au centre d'un rond-point. On dit que Marie et Joseph, poursuivis par des persécuteurs, passèrent près d'un gros sycomore au moment où ceux-ci les avaient perdus de vue ; le tronc s'ouvrit si bien que la Sainte Famille et l'âne lui-même purent s'y cacher ; il se referma sur eux pendant que les malfaiteurs les dépassaient. Le morceau qui s'était séparé pour ouvrir le refuge tomba en 1656. Quoi qu'il en soit, l'opinion commune fait remonter cet arbre jusqu'au temps de la Très Sainte Vierge, et les chrétiens l'ont toujours eu en grande vénération.

Cet arbre est un très vieux sycomore, « *ficus sycomorus,* » le vrai sycomore sur lequel monta Zachée, qui ne ressemble en rien à l'espèce d'érable qu'en France nous nommons sycomore. Son gros tronc est aplati du nord au sud ; on dirait qu'il n'y a que la moitié d'un arbre. Il a sept mètres de circonférence, huit mètres de haut, et s'incline vers le nord ; il est parfaitement sain, les branches, qui sont encore vigoureuses, en font un bel arbre. Pour le préserver de la main des indiscrets, on l'a entouré d'une barrière formant une enceinte de huit mètres de diamètre, sur laquelle grimpent des jasmins ; il est cependant facile de prendre quelques feuilles aux grosses branches, qui s'inclinent vers la terre. Le vieil Arabe qui dort à côté caché sous son manteau, autorisera votre pieux larcin pour la moindre *bachiche* (pourboire).

Le jardin du Baume et l'arbre de la Vierge sont la propriété personnelle du vice-roi d'Égypte. En 1869, quand l'impératrice Eugénie vint assister à l'inauguration du canal de Suez, Ismaïl pacha lui offrit en présent l'arbre de la Vierge ; mais rien ne fut écrit, et actuellement cette donation est considérée comme non avenue. Les Pères Jésuites ont acquis en 1883 une partie du jardin du Baume, et élevé sur ce sol privilégié une chapelle qui est visitée chaque jour par quelque pieux pèlerin. Les communautés du Caire, les conférences de Saint-Vincent de Paul, les braves soldats irlandais y viennent souvent. Nous y avons vu, raconte le R. P. Jullien, plusieurs musulmans en prière et comme dans le ravissement devant le beau tableau de la Sainte Famille qui forme le retable de l'autel. »

Ce tableau, don du T. R. Père Général de la Compagnie de Jésus, représente la Sainte Famille se reposant sous l'arbre de Mataryeh, proche de la source que le divin Enfant vient de faire jaillir avec la permission de sa Mère. Qu'il est doux de baiser ce sol que foulèrent les pieds de Marie et de Joseph exilés par un puissant ennemi, de prier là où ils ont prié, de méditer quelques instants dans ce lieu où ils ont supporté les fatigues du travail, les risques de la pauvreté et le mépris des mondains !

On arrive à la chapelle par le jardin du Khédive. Une porte située à 40 mètres de la source, à 50 mètres de l'arbre de la Vierge, donne accès dans un petit parterre qui entoure le rocher. Les plantes dont le parfum, la beauté, la grandeur, sont, suivant le langage de l'Église et des Livres Saints, comme une image des perfections de Marie, s'y trouvent réunies : on y voit le cèdre, le cyprès, le palmier, le rosier, l'olivier, le platane, le storax, le térébinthe et la vigne. Un illustre voyageur et savant chrétien, M. Antoine d'Abbadie, est parvenu à faire venir du Hedjaz l'arbrisseau qui produit le baume de La Mecque, autrefois baume de Judée ou baume égyptien, le même arbre que Cléopâtre avait apporté de Jéricho à Mataryeh.

ÉGYPTE. — Arbre de la Vierge, dans le Jardin du Baume, à Mataryeh, près du Caire; d'après une photographie du R. P. Jullien, J. S.

Le culte de la Mère de Dieu y a été ainsi rétabli sans obstacle comme sans dessein prémédité. Ce

ÉGYPTE. — Chapelle de la Sainte Famille a Mataryeh,
d'après une photographie du R. P. Jullien.

même Dieu qui, selon l'expression d'un saint Père, nous conserve si merveilleusement les reliques de ses saints comme des sources salutaires d'où découlent sur nous d'innombrables bienfaits, a bien voulu nous conserver les traces de son séjour en Égypte. Dans un temps où ce pays semble se préparer à redevenir chrétien, il relève, au lieu où fut sa demeure, le sanctuaire où les fidèles des premiers siècles sont venus lui offrir leurs hommages et solliciter ses grâces.

Ce sanctuaire de Marie est l'unique pèlerinage de l'Égypte moderne. C'est la seule chapelle catholique qui se montre aux regards de tous dans ces belles campagnes. On craignait que sa vue ne provoquât le fanatisme des musulmans, qui seuls à peu près habitent le village : Marie a gardé son image et son temple. Il semble même qu'elle ait inspiré un commencement de vénération et d'amour à ces pauvres enfants de Mahomet.

Un mot sur les autres souvenirs rappelés par la vue des sites que nous sommes en train de visiter. C'est dans le voisinage du village de Mataryeh que Kléber, le 19 mars 1800, mit en déroute l'armée turque : 10.000 soldats français y dispersèrent de 70.000 à 80.000 ennemis. Le monde ancien considérait ce point de la Basse-Égypte, célèbre sous le nom d'Héliopolis, comme le centre et la source des connaissances humaines. Mais toutes ces gloires profanes pâlissent devant l'honneur qu'a eu Mataryeh d'abriter le berceau de l'Enfant-Dieu.

Nous ne nous arracherons à ces lieux de bénédiction, qui parlent si vivement à tout cœur chrétien, que pour nous rendre sur un autre théâtre témoin de scènes sublimes et touchantes : nous voulons parler des déserts de la Thébaïde.

2. — Les Pères des déserts de la Thébaïde.

Ersonne n'ignore le prodigieux développement de la vie monastique, aux premiers âges du christianisme, dans les immenses et silencieux déserts qui bordent la vallée du Nil à droite et à gauche : sur la rive droite, c'est le Colzim ; sur la rive gauche, Scété et Nitrie. C'est là que, dans la fleur et la ferveur de sa jeunesse, Paul, le premier ermite, se retira pour y demeurer seul tout un siècle, jusqu'à la cent treizième année de son âge ; c'est là que saint Antoine vécut et devint le père d'une multitude de moines; c'est là que des légions innombrables de solitaires, dont les noms ne sont écrits qu'au livre de vie, étonnèrent le monde par leur incomparable sainteté. Reste-t-il quelque chose des milliers de monastères fondés par le patriarche Antoine ?

Pour être édifié sur ce point intéressant, rien de mieux qu'un pèlerinage dans la Thébaïde. C'est une excursion de 500 kilomètres, aller et retour ; mais le plaisir de visiter cette terre héroïque, arrosée par les sueurs et les larmes des plus célèbres pénitents, nous dédommagera des fatigues du voyage.

Une course à dos de chameau en plein désert est assez pauvre en impressions curieuses. Nous nous contenterons donc de dire qu'après huit jours de marche dans la direction du sud-est, nous arrivons à l'entrée du couvent de Saint-Antoine, sous un immense mur de 12 à 15 mètres de hauteur et de 2 à 300 mètres de longueur.

Ne cherchez pas la porte, il n'y en a point. Vous ne trouverez dans ce mur qu'une niche demi-cylindrique de 3 mètres 50 de large, de 8 à 9 mètres de haut, et au-dessus une ouverture de même largeur garnie de boiseries à jour, jusqu'à mi-hauteur et formant balcon. A peine avons-nous sonné la cloche suspendue près de la niche, que les têtes brunes à turbans noirs de plusieurs moines sortent des petites fenêtres du balcon.

ÉGYPTE. — Prêtre copte a Fayoum, d'après un croquis du R. P. Gallen.

« — Nous sommes des pèlerins qui venons vous visiter. »

Une trappe s'ouvre avec bruit dans le plancher au haut de la niche, et un moine descend rapidement, suspendu à une corde, dont il serre le nœud entre ses pieds; c'est le religieux chargé de recevoir les étrangers. Il est vêtu d'un pardessus de serge noire à larges manches, ouvert par devant, à peu près comme ceux des habitants de la haute Égypte. Il nous salue avec affabilité et nous invite à monter dans le monastère, tandis que d'autres religieux descendent pour prendre nos bagages.

Le Père Sicard, en 1616, fut hissé dans un grand panier; pour nous, ce sera moins aisé, la grosse corde qui pend au milieu de la niche se divise à l'extrémité en deux brins, terminés chacun par un fort crochet de fer. Mettez-vous le visage contre la corde, passez les deux brins sous les aisselles et faites prendre les deux

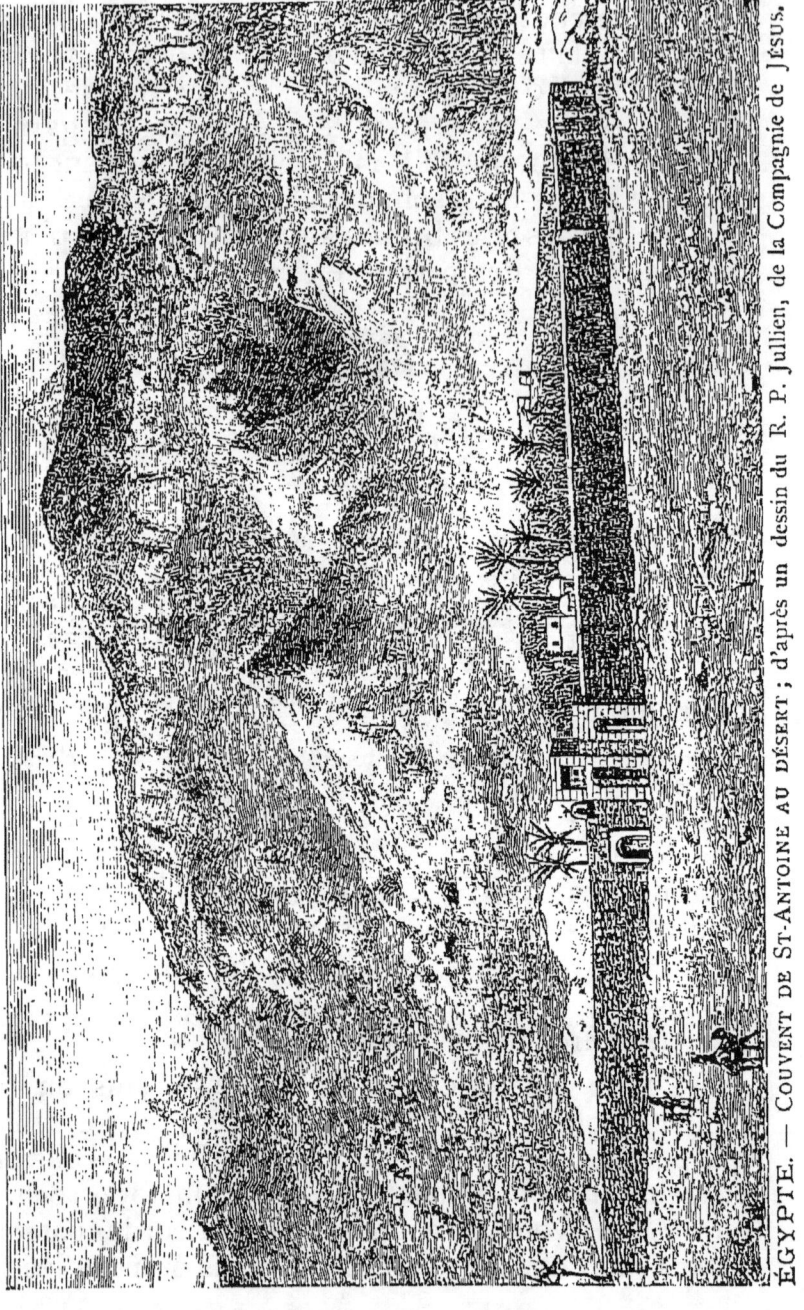

ÉGYPTE. — Couvent de St-Antoine au désert ; d'après un dessin du R. P. Jullien, de la Compagnie de Jésus.

crochets l'un dans l'autre derrière le dos. Serrez dans les mains les deux brins unis devant votre poitrine. Alors tout est prêt. Au signal donné, on vous hisse rapidement à 8 mètres 50 de haut, jusqu'au-dessus de la trappe, où un religieux vous saisit à bras le corps pour vous tirer sur le plancher, heureux si, en tournoyant durant l'ascension, vous n'avez pas heurté l'épaule contre les pierres du mur.

Vous êtes dès lors entouré de plusieurs religieux qui vous font les compliments d'usage et vous montrent avec satisfaction le beau treuil à axe vertical manœuvré par deux moines, sur lequel s'enroule la corde de l'ascenseur. C'est, en effet, un procédé d'introduction assez rare au XIXe siècle ! L'âne et le cheval du monastère, nous dit-on, entrent et sortent de la même manière.

Au sortir de l'ascenseur, on descend par un escalier découvert sur une vaste plate-forme. On a devant soi tout un village de petites maisons plus ou moins alignées, que dominent les coupoles blanches des églises et le donjon carré qui servirait de refuge en cas d'invasion. Le tout se projette sur un fond de palmiers et de verdure.

On nous conduit chez le vicaire, à travers une rue semblable aux rues des pauvres villages de Provence ou d'Italie. Des deux côtés sont de petites maisons de pierres et d'argile, de 3 à 4 mètres de large, n'ayant qu'une étroite fenêtre au-dessus de la porte et une médiocre ouverture pour la chambre supérieure. Ce sont les habitations des moines ; chacun a sa maisonnette.

Le couvent de Saint-Paul, à vingt kilomètres au sud-est du premier, offre les mêmes dispositions.

Une cinquantaine de religieux, dont la moitié sont prêtres, habitent ces deux vénérables berceaux de la vie érémitique. Cinquante religieux, hélas ! au lieu des

80,000 moines qui peuplaient l'Égypte au temps de saint Pacôme ! Eutychès les a détachés de l'Église de Dieu : ils sont schismatiques !

Pour être complet, nous devons ajouter que, dans les déserts de *Scété* et de *Nitrie*, à l'ouest du Nil, quatre autres couvents sont encore habités : ce sont ceux de Saint-Macaire, de Saint-Isaïe, des Syriens et des Grecs. Entre les deux premiers se trouve le fameux arbre de l'Obéissance, qui, dans l'origine, n'était qu'un bâton sec, fiché dans ce sable ingrat et brûlant par l'abbé Poëmen. Cet abbé commanda au célèbre Jean le Petit de l'arroser tous les jours. Le saint religieux observa constamment pendant deux années l'ordre de son supérieur. Dieu, pour récompenser l'obéissance persévérante de son serviteur, permit que le bâton prît racine et portât des branches et des feuilles. Actuellement cet arbre merveilleux se compose de deux troncs sortis de la même souche et mesurant l'un cinquante centimètres, l'autre un mètre de diamètre. Le Père Jullien, qui le visita en août 1881, le trouva en pleine floraison : c'est, dit-il, le *rhamnus spina Christi*, vulgairement épine du Christ. Le Père Sicard, qui l'avait vu pendant l'hiver en 1716, l'avait, par erreur, pris pour un alisier.

On dit que cette partie du désert comptait autrefois autant de couvents qu'il y a de jours dans l'année ; la plupart étaient assez rapprochés pour que les ascètes entendissent les chants des monastères voisins : aussi la louange de Dieu ne cessait-elle ni le jour ni la nuit dans ces saintes solitudes. De ces divins asiles de la prière et de la mortification chrétienne, il ne reste que les quatre monastères nommés plus haut et de nombreux amas de décombres avec des chaussées de pierres et de briques rappelant plus ou moins une enceinte carrée. Scété et Nitrie ne couvrent plus de leurs noms glorieux qu'une immense nécropole !

3. — Les Pyramides.

IEN qu'elles soient éloignées de trois ou quatre lieues du Caire, on aperçoit parfaitement de cette ville leurs cimes majestueuses. Tant de fois nous avions entendu parler de ces montagnes de pierres élevées par la main des hommes, que nous ne pouvions résister au désir de les visiter, alors que nous en étions si près. Chacun de nous monta donc sur une ânesse, c'est la monture ordinaire et souvent très élégante du pays. Nous longeâmes pendant trois ou quatre heures les rivages du Nil, couverts d'une nuée d'oiseaux de toutes grandeurs et de toutes espèces; puis, après avoir traversé le fleuve sur une barque, nous arrivâmes au pied de la grande pyramide.

D'après Diodore de Sicile, cent mille hommes auraient travaillé durant vingt ans à élever ce monument, le roi et le géant du désert. Depuis que les califes l'ont dépouillé de son revêtement de marbre, il se présente sous l'aspect de quatre immenses escaliers, formés de degrés inégaux très élevés, et qu'on ne pourrait gravir seul sans s'aider des mains et des genoux. Mais les Arabes y ont pourvu. Trois de ces braves gens s'emparent de votre personne; les deux premiers vous hissent en vous tirant par les mains, et le troisième, en vous poussant par derrière, concourt très efficacement à l'œuvre commune. Ils ont bien soin, afin que vous puissiez mieux apprécier leurs services, de vous faire escalader les plus hautes marches et les endroits les plus difficiles.

Pendant l'ascension, qui dure une demi-heure, y compris les intervalles de repos, ils ne cessent de

ÉGYPTE. — Entrée du couvent St-Antoine au désert, d'après un dessin du R. P. Jullien.

répéter avec une emphase comique : « Du haut de ces pyramides, quarante siècles vous contemplent. » Paroles qu'ils accompagnent de l'éternel refrain : « Bon *baksis !* bonne mission ! bonne récompense ! » A cela, et strictement à cela, se borne toute leur science du français.

Du reste, parvenu sur la plate-forme, il faut convenir qu'on est bien dédommagé de sa peine par le merveilleux spectacle qui s'offre alors aux yeux. A l'est le Nil déploie son large cours au milieu d'un riche tapis de verdure ; au-delà Le Caire apparaît avec ses dômes, ses blancs minarets, sa citadelle adossée aux pentes de *Mokattam ;* au sud, une longue chaîne de pyramides de diverses hauteurs, des blocs de ruines éparses sur une plaine aride et mamelonnée, et puis, débordant de toutes parts comme pour encadrer ce tableau incomparable, les sables et le désert !

Après quelques instants de contemplation et de repos, nous nous mettons en devoir de redescendre. A une vingtaine de mètres au-dessus de la base du monument, on pénètre, par un trou, dans l'intérieur de la pyramide, et un couloir long et raide qui descend d'abord et remonte ensuite, conduit à la salle du Sarcophage : elle mesure $10^m,33$ de long sur $5^m,34$ de large et $5^m,08$ de haut.

Dans la direction du sud, il y a une grande quantité d'autres pyramides ; on en compte une quarantaine de différentes dimensions. A quelques pas de la pyramide de *Khéops*, s'élève celle de *Khéfren*, dont la hauteur verticale est de 135 mètres.

Le sommet conserve encore quelques vestiges du revêtement de marbre qui jadis la recouvrait tout entière ; cette circonstance en rend l'accès difficile et dangereux. L'esplanade qui termine le cône est très étroite.

Vient ensuite la pyramide de *Mycérinus*, qui n'a que

66 mètres de hauteur verticale ; elle paraît une taupinière auprès de ses sœurs.

En face de la pyramide de *Khéops*, à 500 mètres à l'est, se trouve le *sphinx*. Ce lion de forme gigantesque, à tête humaine et accroupi, est taillé dans un bloc de rocher qui se trouvait à cette place. Toute la partie inférieure est cachée dans le sable. Sa face, primitivement peinte en rouge, mesure 9 mètres ; la longueur totale du colosse en a 57. On assure que le *sphinx* était la représentation symbolique du dieu solaire.

Tout cela, reposant dans une immobilité solennelle, embrasé par un soleil de feu, coloré des teintes les plus chaudes, présente un aspect étrange qui saisit l'âme et la remplit d'une indéfinissable émotion.

Nous reprenons le chemin du Caire. Chemin faisant, nous apercevons, sur la berge verdoyante du fleuve, plusieurs ibis au blanc plumage, oiseau sacré des Égyptiens et que l'on retrouve fréquemment parmi les hiéroglyphes. Nous traversons le Nil au village de Gizeh, et peu après nous sommes de retour au collège, où les Révérends Pères Jésuites nous donnent une si cordiale hospitalité.

ÉGYPTE. Vue des deux obélisques de Karnak ; d'après une photographie.

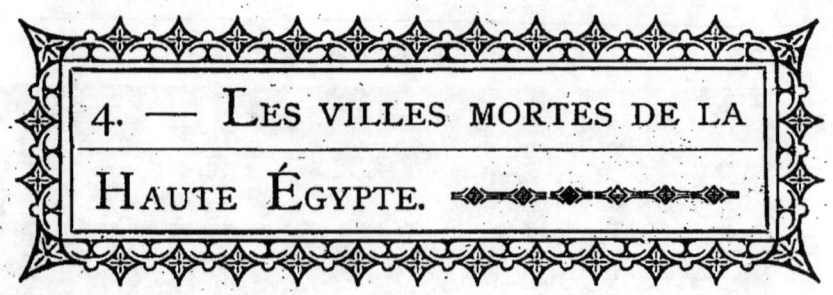

4. — Les villes mortes de la Haute Égypte.

EN remontant le Nil jusqu'à la première cataracte, nous pourrons admirer les plus beaux vestiges de l'antique civilisation égyptienne, dont le fleuve, sur un parcours de plus de six cents lieues, dispute aux sables du désert les restes et les tombeaux. C'est tout un musée de souvenirs incomparables : Memphis avec son allée de sphinx gigantesques dont cent quarante-un sont encore sur leurs piédestaux et conduisent à un vaste temple où les Apis étaient déposés après leurs morts; Minieh à 200 kilom. du Caire; Manfalout, 100 kilom. plus haut, et la cité voisine, Syout, avec sa forêt de minarets et ses groupes de maisons blanches ; Akmim, misérable et sordide ; Girgeh, autrefois opulente, autrefois favorite du grand Méhémet Ali, aujourd'hui délaissée ; Farchout, perdue dans l'immensité de ses champs de pastèques, défilent successivement sous nos yeux. Tantôt des troupeaux de buffles viennent plonger dans les eaux courantes, tantôt des escadres de canards prennent pied sur les îlots ou s'envolent à tire d'aile. Nous essayâmes en vain de tuer quelques-uns de ces palmipèdes; ils sentent l'homme de loin et se réfugient dans les roches. Vers le printemps, au dire d'un voyageur, les gens du pays en font de grandes destructions ; c'est au mois de février, quand le fleuve charrie les pastèques sans nombre tombées des barques trop pleines qui en emportent de vraies montagnes au Caire et à Alexandrie. Chaque indigène se coiffe alors d'une citrouille creusée, percée de trous pour la bouche et les yeux, puis, nageant sans bruit au milieu des canards trop confiants, en saisit deux à la fois, un de chaque main; et ce jeu, cette chasse ingénieuse, recommence tous les jours, à toute heure, tant que dure le mois des melons.

Des plantations d'orangers en fleurs, de blés mûrs, de trèfles verts, de cannes à sucre, de tabac, de chanvre, de lin, de grenadiers, coupées par des bouquets de palmiers et parsemées de villages, se développent à perte de vue sur l'étroite zone cultivable limitée d'un côté par le Nil, de l'autre par le désert. Ces spectacles éveillent dans la mémoire tous les souvenirs classiques et placent naturellement sur vos lèvres la strophe musicale et imagée où le poète des *Orientales* décrit la terre des Pharaons :

> L'Égypte ! Elle étalait, toute blonde d'épis,
> Ses champs bariolés comme un riche tapis,
>   Plaine que des plaines prolongent.
> L'eau vaste et froide au nord, au sud le sable ardent
> Se disputent l'Égypte. Elle rit cependant
>   Entre ces deux mers qui la rongent.

Tantôt poussée par un vent favorable, tantôt lentement remorquée à la corde, notre barque glisse sur le fleuve géant emprisonné au milieu des deux remparts parallèles des chaînes arabique et lybique. Mais recueillons-nous ; nous voilà à 700 kilom. du Caire : nous approchons de la terre des merveilles.

Denderah. — Nous regardons venir, sur la rive gauche du Nil, Keneh, la ville de Denderah, l'ancienne Tentyris de Cléopâtre. De cette cité célèbre il ne reste plus que le temple de Kathor ou Isis. Les grandes lignes de ce monument affectent la forme d'un T. Ce qui a surtout contribué à le rendre célèbre, c'est son merveilleux état de conservation et le soin avec lequel il est entretenu. La partie la plus remarquable, le sanctuaire, a été édifiée sous les règnes de Ptolémée et de

Cléopâtre. On voit encore une statue colossale de cette princesse au sud du temple, et les murailles de l'édifice présentent souvent son profil élégant et majestueux. « Je n'essaierai pas, écrivait Champollion le jeune, de décrire ma première impression à la vue du propylone et de la façade du temple de Denderah : c'est un mélange exquis de grâce et de majesté. » Toutes les pierres sont couvertes d'une profusion de sculptures et d'hiéroglyphes. Les ruines de Denderah sont habitées par une population nomade et misérable.

Thèbes. — Franchissons encore cinquante kilomètres. Nous sommes à Thèbes, la grande Diospolis, la ville sacerdotale et divine de Jupiter Ammon, la cité aux cent portes chantée par Homère. L'ancienne capitale de l'Égypte n'est plus qu'une plaine immense parsemée, en quatre endroits principaux, de débris considérables, à l'ombre desquels se sont groupés quatre modestes villages : Karnak et Louqsor sur la rive droite du Nil, Gournah et Médinet Abou sur la rive gauche.

Karnak n'est guère qu'une montagne de ruines dont la magnificence confond l'imagination. Une des beautés de cette ville royale consistait dans le grand nombre de ses obélisques. Les Égyptiens se plaisaient à multiplier devant leurs temples et leurs palais ces monolithes qu'ils considéraient comme la plus noble des ornementations. De la multitude d'obélisques dont le grand temple de Karnak avait été doté, deux seulement sont encore debout (*voir la gravure* p. 42). L'un mesure vingt-trois, l'autre trente mètres de hauteur. Tous deux sont en parfait état et intacts, comme au jour où on les apporta des carrières de granit rose de l'antique Syène. Les hiéroglyphes, d'un dessin très pur, gravés sur les quatre faces, se détachent avec une grande netteté et sont admirablement conservés.

Karnak était tout à la fois un palais et un temple,

HAUTE-ÉGYPTE. — Ruines du Grand Temple de Karnak, d'après une photographie.

HAUTE-ÉGYPTE. — Vue générale de Louqsor ancienne Thèbes, d'après une photographie.

le palais et le temple le plus imposant et le plus majestueux de l'univers. L'ensemble de ses ruines offre un saisissant spectacle. On dit qu'à cette apparition grandiose du vieux monde, l'armée française, en 1798, battit des mains par un mouvement spontané d'enthousiasme.

Après avoir cheminé une demi-heure au milieu de statues mutilées où dominent des sphinx à tête de bélier, on rencontre dans la direction du sud-ouest le second village bâti sur l'emplacement de Thèbes : Louqsor. Ce n'est qu'un monticule de sable couvrant un espace de sept mètres de large sur quatre cents de long. Une population misérable, mélangée de Coptes et d'Arabes, y habite des cabanes de terre. Quelques maisons en pierre sont occupées par le gouverneur, par les bureaux de la poste et par la mission catholique. Deux beaux hôtels y ont été aussi bâtis ces dernières années. Des agents consulaires font flotter au faîte de leurs résidences les pavillons de huit des principales puissances de l'Europe et de l'Amérique.

A Louqsor, comme dans beaucoup d'autres localités de la Haute-Égypte : Syout, Akmim, Girgeh, Farchout, etc., les Révérends Pères Franciscains ont élevé des églises. Celle de Louqsor a été bâtie sur la rive même du Nil. (*Voir la gravure* p. 47.)

L'édifice sacré occupe précisément l'emplacement du célèbre temple d'Ammon, construit par le Pharaon Aménophis. Cette modeste église, succédant à quarante siècles de distance au fastueux sanctuaire païen, éveille les plus touchantes réflexions. Les voyageurs européens qui remontent ou descendent le fleuve, saluent avec bonheur le signe auguste de la Rédemption arboré au faîte de la maison de Dieu. A l'église sont annexés un hôpital et une école prospère.

Les bons Pères enseignent à leurs élèves l'arabe, le copte, le français et l'italien. Comme dans la plupart des missions, ces écoles sont gratuites ; presque tous les enfants qui les fréquentent doivent être pourvus non seulement de livres, mais encore de vêtements. Malgré les efforts des protestants américains et la guerre des schismatiques, les fils de St François ont la joie d'enregistrer chaque année un certain nombre de conversions.

Les vieilles chaumières et les maisons neuves du Louqsor moderne sont encadrées de tous côtés dans un merveilleux décor de colonnes, de frontons, de sculptures. Au-dessus des ruines se dresse un magnifique propylone, le mieux conservé de tous ceux de l'Égypte.

Karnak et Louqsor ne sont que la moitié de Thèbes.

Sur la rive gauche, les Pharaons s'étaient construit de magnifiques demeures : le temple et le gynécée de Ramsès III, le palais de Sésostris, le palais de Gournah, la nécropole royale. Dans cette plaine, jonchée de colosses et de murailles, sont encore assises deux statues de vingt mètres de haut : la principale est le fameux colosse Memnon qui saluait par des sons harmonieux le lever du soleil.

L'esprit préoccupé des graves pensées suscitées par tous ces tableaux grandioses et funèbres, nous regagnons notre embarcation amarrée sur la rive, et nous disons adieu à ces ruines énormes, encore pleines de la gloire et des noms des Toutmosis et des Ramsès.

L'île de Philæ. — Nous passons sans nous arrêter devant Esneh, la ville des almées, dernier refuge de ces bayadères de l'Égypte dont le nombre a, depuis une trentaine d'années, singulièrement décru. Les pylônes imposants d'Edfou arrêtent un instant nos regards. Un peu plus loin sont les carrières d'où les Pharaons ont tiré tout le peuple de colosses et d'obélisques de la Haute-Égypte. Enfin, après un jour d'une pénible navigation à travers les rapides d'Assouan, louvoyant le long de la verte Éléphantine, fabuleux

HAUTE-ÉGYPTE. — Vue de l'île de Philæ, d'après une photographie.

HAUTE-ÉGYPTE. — L'Église catholique de Louqsor, d'après une photographie.

pays des ichthyophages, et franchissant la porte étroite de la première cataracte, nous voyons tout à coup émerger du fleuve deux îles jumelles peuplées de monuments en ruines, Philæ et Béghé. La deuxième est bordée de pierres énormes surchargées d'hiéroglyphes, dont la vue ferait battre le cœur d'un Égyptologue et laisse assez froid le commun des mortels ; mais la première est un séjour enchanté.

Quand on débarque dans cette île par la rive occidentale, on arrive dans une vaste cour tout encombrée de marbres brisés ; aux deux côtés, des *atrium* magnifiques, encore debout, conduisent jusqu'au grand propylone, parfaitement conservé, donnant accès dans le pronaos du temple d'Isis ; il est large de quarante mètres et haut de dix-huit. On y monte par un escalier de cent-vingt marches. Du haut de la terrasse on jouit d'un panorama de toute beauté sur la grande cataracte du Nil. Nous passons à une seconde cour, flanquée à droite et à gauche de deux bâtiments. Enfin nous arrivons au péristyle du temple ; il est orné de dix hautes et superbes colonnes, surmontées de chapiteaux qui supportent le fronton. La verdure qui l'environne en fait un endroit délicieux. Du côté du Nil, on voit les restes d'une église chrétienne élevée par les néophytes des premiers siècles de notre ère : elle a moins vécu que les temples des Pharaons. Deux colonnades de longueur inégale relient le temple d'Isis au temple d'Hator : ces deux déesses sœurs, la Cybèle et la Vénus du pandémonium égyptien, se partageaient la souveraineté de Philæ. Longue de 370 m., cette île célèbre est large de 240. Des constructions et des ruines la recouvrent sur toute son étendue ; mais les édifices à peu près conservés n'en occupent guère que la neuvième partie.

Nous n'irons pas plus loin. Là finit le royaume de l'homme, là commence le désert nubien. Abandonnant notre barque au courant du Nil, nous allons redescendre vers l'Égypte vivante. « Sur cette terre épuisée par la puissance qu'elle a nourrie, écrivait, il y a quelques années, un voyageur célèbre, l'homme aujourd'hui tient peu de place ; un bourg à Louqsor, des huttes à Médinet, à Gournah quelques tombeaux habités, voilà toute la part d'une vie rabougrie et misérable sur ces bords fameux par les dieux, les rois, les chefs-d'œuvre. Mais, dans cette plaine qui repousse et forme en cirque lointain les deux chaînes riveraines, la solitude est peuplée de visions innombrables ; les nations mortes laissent quelque chose dans l'air, et les pensées volent encore où les cerveaux ne sont plus. »

Toutes ces ruines merveilleuses d'une civilisation évanouie depuis des siècles sont peuplées par une population nomade et misérable. Les pâtres et les chameliers du désert libyque plantent dans la poussière des monuments le piquet de leurs tentes. Ils comparent la masse, l'ordonnance, la beauté de ces édifices à la petitesse, à la misère, à l'instabilité de leurs demeures, et, ne pouvant se rendre compte de la puissance d'une civilisation qui remuait de tels blocs et transportait de telles montagnes de pierres, ils attribuent ces constructions à une race intermédiaire entre l'homme et Dieu.

TRIPOLITAINE.

La Cyrénaïque. — Tripoli.

Les deux Syrtes.

L E voyageur qui arrive d'Égypte dans la Tripolitaine par des routes stériles et à travers des cantons sablonneux, trouve tout à coup, avec autant de ravissement que de surprise, un climat et des sites qui le transportent au milieu des plus belles parties de l'Italie : c'est la Cyrénaïque. C'est là qu'une allégorie antique plaçait le merveilleux jardin des Hespérides. Quelques misérables villages arabes remplacent les belles cités romaines dont les ruines amoncelées font encore l'admiration des rares touristes qui les visitent : Bérénice, Arsinoë, Ptolémaïs, Apollonias et Cyrène. Au-delà des plateaux du Barka jusqu'à Tripoli, nous retrouvons le désert.

Tripoli ressemble à toutes les villes de l'Orient : un vilain tableau dans un beau cadre, cadre formé par un horizon si pur, si vaste, par sa mer capricieuse, par ses palmiers si sveltes, si gracieux. En effet, entré dans la ville, vous ne voyez plus que des rues noires et tortueuses remplies d'immondices de toute nature, où d'affreux bambins se disputent, se battent en compagnie de chiens affamés et hargneux, toujours prêts à trouver des *casus belli* les uns à l'égard des autres ; enfin quelques taudis élevés à la dignité de magasin, où s'accumulent les marchandises les plus disparates.

A Tripoli, pas un monument à signaler, si ce n'est l'arc de triomphe de Marc-Aurèle, magnifique édifice

SAHARA TRIPOLITAIN. — Type Touareg.

que l'incurie du gouvernement laisse tomber en ruines, et dont il ne restera bientôt plus rien. Le logement du Pacha est insignifiant, et les mosquées n'ont absolument rien de remarquable. Nous visitons l'humble église catholique desservie par des Franciscains.

En sortant de Tripoli, vous entrez dans l'oasis. Ses deux millions de palmiers, ses orangers, ses figuiers, ses bosquets d'oliviers, ses massifs de jasmins dont l'odeur est si enivrante et si aimée de l'Arabe, ses blanches maisons riant au milieu de cette verdure, les coupoles des *Koubas* se détachant sur le ciel bleu, le chant du rossignol et du bouvreuil, le roucoulement plaintif de la tourterelle qui habite la cime des palmiers, la vue du désert que l'on aperçoit avec ses caravanes, sa poésie, ses mélancolies, ses joies et ses douleurs, font de cet endroit un des sites les plus admirables que l'on puisse imaginer.

C'est à Tripoli qu'aboutissent presque toutes les caravanes du désert. C'est là qu'arrivent les plumes d'autruche du Sahara, l'encens et les parfums du Bornou, l'ivoire du Soudan et aussi, hélas ! les esclaves de ces différentes contrées. Parfois, à la tombée de la nuit, on entend quelques coups de fusil. C'est une caravane, et c'est le signal convenu quand elle traîne à sa suite de pauvres esclaves. L'esclavage, aboli en théorie, se pratique encore ici sur une vaste échelle.

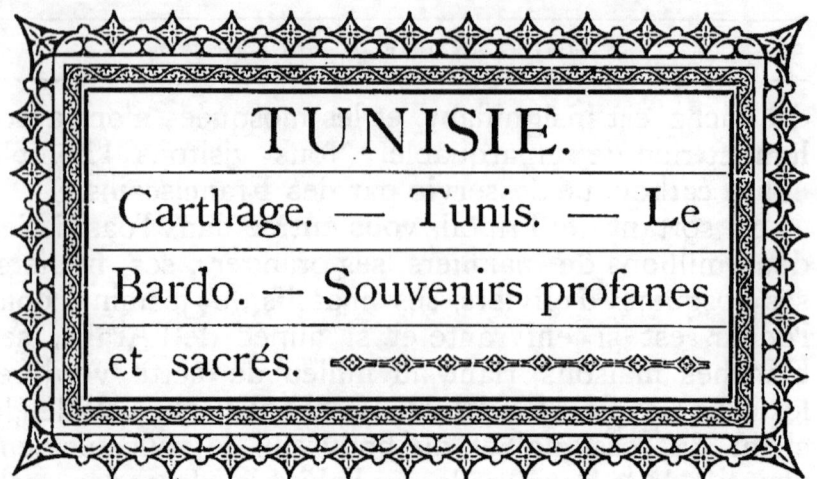

TUNISIE.

Carthage. — Tunis. — Le Bardo. — Souvenirs profanes et sacrés.

A longue étendue de côtes qui va de Tripoli à Tunis n'offre que des plages nues et arides, tachées çà et là de quelques bouquets de palmiers ou d'arbustes rabougris. Le grand désert du Sahara a couvert de son large et fauve manteau de sable toute cette partie du littoral méditerranéen. Après avoir appartenu tour à tour à Cyrène et à Carthage, à Rome, aux Vandales, aux Arabes, à Charles-Quint, l'ancienne Régence de Tripoli est devenue, depuis cinquante ans, une simple province de l'empire turc. Cette région, toute submergée par les flots arides du désert, ne pouvant rien promettre à notre curiosité, nous précipitons notre course vers l'ouest.

Carthage. — Nous passons en vue du cap qui porte ce nom fameux. Quel cœur ne serait ému devant ces rives où tant de gloires se sont évanouies : Annibal Régulus, Amilcar, Scipion, etc. ! Là s'illustrèrent par leur héroïsme des milliers de martyrs : Cyprien, Perpétue, Félicité et leurs compagnons. Des épisodes plus modernes ne sont pas moins touchants : Vincent de Paul a été esclave sur cette terre et saint Louis y est mort. Voici justement au centre de l'acropole punique, sur la colline de Byrsa, l'endroit où le pieux monarque rendit l'âme. Une chapelle y a été érigée en l'honneur du « grand marabout chrétien », comme

TUNISIE. — CHAPELLE DE SAINT-LOUIS A CARTHAGE.

disent les Arabes, et des Missionnaires d'Alger sont chargés de la garde de ce glorieux sanctuaire. Après avoir salué le monument, entrons dans le port de La

Goulette et engageons-nous dans le petit canal qui

VUE DE TUNIS ET DE LA MOSQÉE DE SIDI MAHRÈS, d'après une photographie de M. Catalanotti.

fait communiquer la mer avec le vaste lac à l'extrémité

duquel Tunis est située. Trop étroit pour de gros navires, ce canal passe à travers le bourg de La Goulette. D'un côté sont les maisons, les forts, l'hôtel du gouverneur, la cathédrale, bâtie par Son Ém. le cardinal Lavigerie, archevêque de Carthage, la paroisse catholique, l'établissement des Sœurs de Saint-Joseph de l'Apparition ; de l'autre, quelques palais, l'arsenal, le bagne.

Tunis. — On est saisi d'admiration lorsqu'à l'extrémité du canal, on voit se dérouler la large nappe des eaux scintillantes du Baeïreh, et à l'horizon, les murailles blanches de la ville inondées de lumière et se détachant sur le fond bleu des montagnes ; sur le lac nagent ou voltigent des bandes d'oiseaux charmants : grèbes, mouettes, cormorans, flamants roses. On a justement comparé la forme de Tunis à celle d'un burnous étendu sur un plan incliné : la Kasbah figure le capuchon. Au pied de cette citadelle, aujourd'hui inutile, sont les bazars, les plus remarquables de l'Orient après ceux de Constantinople et d'Alexandrie.

Des anciens remparts au lac existe une promenade longue de cinq kilomètres, et bordée de charmantes constructions européennes : on l'appelle La Marine.

La ville haute renferme de nombreuses mosquées à doubles minarets carrés.

La plus belle et la plus vaste, dit M. Victor Guérin, s'appelle Djama-ez-Zitoun (la mosquée de l'olivier). Elle est entourée d'un mur élevé qui dérobe aux yeux des infidèles l'architecture orientale et la forme même de ce temple.

La mosquée Sidi-Mahrès mérite aussi l'attention dans le faubourg Bab-el-Souika. Elle est couronnée de plusieurs coupoles qui environnent sa grande coupole centrale. Le saint musulman qui y est enterré et dont elle porte le nom, est considéré par les Tunisiens comme l'un de leurs principaux patrons. Aussi cette mosquée est-elle réputée inviolable. C'est un lieu d'asile pour les créanciers et les débiteurs.

Tunis renferme près de 120.000 habitants dont environ 35.000 étrangers. Un aqueduc, construit en l'an 135, par l'empereur Adrien, et restauré il y a quelques années, alimente la ville d'une eau excellente. Le gaz, le télégraphe, les glacières, etc., ont ôté à Tunis une grande partie de son cachet oriental ; néanmoins, c'est une ville intéressante à visiter.

Le Bardo, résidence officielle du bey, est situé à trois kilomètres au nord-ouest de Tunis. La population, presque toute dépendante du palais, se compose de 800 à 900 personnes. Quelques familles chrétiennes, originaires de Tabarque, y vivent encore. Le Bardo est entouré d'un large fossé et de murailles élevées. On aperçoit cependant du dehors les hautes constructions du palais.

Cet édifice n'a aucun style ; c'est un mélange heurté d'architecture arabe et d'architecture italienne.

On pénètre au Bardo par une large porte surmontée d'une tour à horloge. C'est à travers un bazar étroit et sous une voûte immense que l'on arrive à la cour extérieure du palais. Un long couloir, peuplé de solliciteurs, de gardes et de fonctionnaires, conduit à l'escalier des Lions. Il est surmonté de grands arceaux richement ornés d'arabesques, et il précède la cour d'honneur. Cette cour, ornée, au milieu, d'une fontaine et d'un bassin, est entourée de colonnes de marbre blanc et d'arceaux légers découpés dans le plâtre. Quelques-unes de ces colonnes portent encore, avec le millésime, les noms des esclaves du siècle dernier. Un corridor sombre et un escalier aussi peu éclairé donnent accès à la salle du Trône, dont les proportions sont gigantesques. Cette salle contient un beau portrait du roi Louis-Philippe. Des consoles, des candélabres, des pendules sans valeur artistique abondent dans toutes les pièces ; c'est d'au-

TUNISIE. — Vue de la maison de campagne du Bey de Tunis et des anciens ports de Carthage, d'après un croquis du R. P. Delattre.

tant plus regrettable que le palais renferme de remarquables travaux exécutés par les indigènes, des plafonds sculptés et dorés, de merveilleux ouvrages en plâtre, etc.

Souvenirs profanes et sacrés. — Les commencements de Carthage furent modestes. La colonie tyrienne se contenta d'abord d'occuper la colline de Byrsa, où est actuellement la chapelle de St-Louis; ce fut la

TUNISIE. — Vue du Bardo, d'après une photographie de M. Catalanotti.

citadelle du peuple naissant; mais elle ne tarda pas à élargir son enceinte. Les ports de cette ville maritime, longtemps rivale de Rome sur terre et sur mer, étaient situés au sud-est de la chapelle de saint Louis, au point où se trouve aujourd'hui la maison de campagne du bey. (*Voir la gravure* p. 62.) « Les deux ports, dit Appien, communiquaient l'un avec l'autre et avec la mer par une entrée de 21 m. de largeur, qui se fermait avec des chaînes de fer. Le premier était le port des marchands, et contenait des points d'attache nombreux et de diverses natures pour amarrer les navires. »

Pour satisfaire une pieuse curiosité, nous visiterons maintenant l'amphithéâtre, illustré par la mort glorieuse de nombreux martyrs africains. Les ruines en sont encore assez apparentes en face de la Malka, près de la station de Carthage sur la voie ferrée de la Goulette à la Marsa. Il en reste une excavation elliptique, profonde de 12 m. et mesurant 90 m. de long sur une largeur de 36 m. Çà et là sur le pourtour de l'édifice existent d'énormes blocs de maçonnerie provenant de l'éboulement des murs d'enceinte. Là furent martyrisées sainte Félicité et sainte Perpétue, le 7 mars 203. Quant à l'endroit précis où le grand Cyprien fut décapité un demi-siècle plus tard (14 septembre 258), il se trouvait non loin de l'amphithéâtre, dans le bas quartier, dit de Megara, entre la Marsa et le lac de Tunis.

Depuis que l'éminent archevêque de Carthage a reçu du Saint-Siège la charge spirituelle de cette terre devenue française, la Tunisie a pris un aspect nouveau. Sous l'impulsion du grand cardinal, toutes les œuvres chrétiennes y refleurissent ; à l'ombre du sanctuaire de saint Louis se groupent, chaque année plus nombreux, les asiles de la charité et de la prière. Là se trouve la maison d'études des Missionnaires d'Alger. C'est donc de Carthage ressuscitée que part le mouvement apostolique qui gagne, comme nous le verrons plus loin, les contrées de l'Afrique jusque dans les profondeurs mystérieuses de l'équateur.

TUNISIE. — Ruines de l'Amphithéâtre de Carthage, d'après une photographie.

ALGÉRIE.

Alger. — Ses évêques. — Souvenirs de la conquête. — La trappe de Staouëli. — Le séminaire de Kouba. — Maison Carrée. — La Kabylie. — Fort-National.

ALGER ! — Cette capitale offre encore de loin la même forme, le même aspect qu'au temps où son nom seul répandait partout la terreur. C'est une large ligne de constructions qui s'étend le long de la mer, qui monte en se rétrécissant comme un triangle jusqu'au sommet de la colline ; c'est comme une colossale pyramide où s'étagent les minarets, les maisons blanches et carrées, masse imposante qu'on dirait taillée d'un seul bloc dans une carrière de marbre. Trois évêques ont défriché tour à tour cette terre célèbre. Mgr Dupuch, de sainte mémoire, après avoir pris possession de l'Algérie au nom du Sauveur Jésus, par une heureuse inspiration, faisait graver en lettres d'or sur une ancienne mosquée convertie en cathédrale, les paroles de l'Apôtre : *Christus heri, hodie et in sæcula* ; le même pontife, entouré de sept prélats de France, faisait plus tard retentir la colline d'Hippone du chant des hymnes religieuses qu'elle n'avait plus entendues depuis des siècles. Mgr Pavy, dans un long et glorieux épiscopat, parlait à son peuple un langage digne des

Sahara et Soudan. — Mgr Lavigerie bénissant un orphelin arabe.

anciens Pères de l'Église d'Afrique, donnait à la colonie un clergé formé par les prêtres de Saint-Lazare, et, après avoir préparé la création des sièges de Constantine et d'Oran, parcourait en pèlerin la mère-patrie, dont les aumônes généreuses devaient permettre d'élever la basilique de N.-D. d'Afrique. L'archevêque actuel, S. Ém. le cardinal Lavigerie, trouvant l'Algérie trop étroite pour son zèle, envoie ses missionnaires plus loin que nos soldats, chez les Kabyles, à Tunis, à Jérusalem, au Sahara tripolitain, jusqu'au cœur de l'Afrique centrale.

Souvenirs de la conquête. — Staouëli. — C'est une agréable surprise pour le voyageur quand, après avoir cheminé plus de deux heures sur un aride plateau, à travers de sombres broussailles, repaire des chacals, il arrive tout à coup en face d'un vaste établissement élevé par les fils de saint Benoît. Ici une élégante maison qui offre l'hospitalité aux voyageurs ; là le couvent large et élevé ; tout autour des champs où le blé ondoie, des pâturages où paissent de gras troupeaux ; partout les austères apôtres de l'Évangile avec leur figure macérée par la pénitence et leurs lourds manteaux de laine, exemples vivants, au milieu de ces peuples, du travail, des douces vertus, des œuvres de charité et de la patience fructueuse.

C'est là que fut livré, en 1830, le dernier et décisif assaut de la civilisation chrétienne contre la barbarie musulmane ; là que l'épée de la France brisa pour jamais la lance abencerage. On est ému, en foulant cette terre française, à la pensée de ce glorieux succès de nos armes, vainement tenté par les Portugais et les Espagnols, par les flottes de Charles-Quint et les bombes de Duquesne.

Le 15 juin, 30,000 hommes débarquèrent à Sidi-Ferruch. En contemplant du haut de la Casbah la flotte française, le dey sentit chanceler sa confiance et ne put, dit-on, retenir quelques larmes ; mais, lorsqu'il vit nos bâtiments gouverner à l'ouest, vers la rade de Sidi-Ferruch, il reprit courage, espérant que les Français

ALGÉRIE. — Basilique de Notre-Dame d'Afrique.

seraient écrasés avant d'arriver sous les remparts d'Alger. Quarante mille cavaliers arabes et dix mille fantassins se rangèrent sur le plateau de Staouëli. Ils furent défaits le 19, après un long et sanglant combat ; mais les Turcs se défendirent pied à pied, et la ville ne se rendit que le 5 juillet, quelques jours avant celui où l'Église d'Afrique fait mémoire de ses premiers martyrs.

Kouba est à six kilomètres d'Alger du côté de l'est, sur la dernière croupe du Sahel. On y arrive par la belle route du jardin d'acclimatation, bordée à droite et à gauche sur tout son parcours de platanes, d'eucalyptus et d'oliviers, dont les branches font dôme sur la tête des passants. Au haut de la colline où le camp est assis, on respire l'air le plus pur ; le silence règne, la solitude est profonde. Rien de plus favorable au recueillement nécessaire à un grand séminaire. A tous ces avantages, il faut ajouter la beauté du coup d'œil. Nulle vue plus riche que celle qui se déroule à l'œil de la hauteur de Kouba. En face, la belle rade d'Alger, formée par la projection des caps Caxine et Matifou ; par derrière, la Mitidja avec sa ceinture de villages et l'Atlas toujours verdoyant ; à droite, le Djurjura et la grande Kabylie ; à gauche, le port d'Alger avec la multitude de ses navires. Quand, le soir, les mille feux de la cité se réfléchissent dans le miroir des eaux, cette illumination des flots, contemplée des hauteurs de Kouba, a quelque chose de féerique.

L'auteur de la *Vie de Mgr Pavy* donne de curieux détails sur la manière toute providentielle dont l'Église d'Afrique fut, en 1848 mise en possession de ce domaine. On préparait une fête dans la cathédrale en construction. Assuré que la plus grande décence serait observée dans la réunion, Mgr Pavy, évêque d'Alger, accepta d'en faire partie. C'était de sa part une condescendance ; mais il se promettait bien de saisir cette occasion pour demander Kouba. En effet, Cavaignac manifestant toute la droiture et la loyauté de son âme, l'évêque lui témoigna une vive sympathie; elle était sincère, le général s'en montra heureux.

ALGÉRIE. — Le Grand Séminaire de Kouba.

« Monsieur le gouverneur, lui dit alors l'évêque, vous pouvez marquer votre passage à Alger par un bienfait dont l'Église vous sera toujours reconnaissante.

«— Je ne demande pas mieux, Monseigneur, lequel ?

« — Donnez-moi le camp de Kouba pour y établir

mon grand séminaire. L'impasse de Sainte-Philomène à Alger, où nous sommes en location, ne nous permet ni de réunir un nombre suffisant de théologiens, ni de les former comme il convient dans le silence et la solitude.

« — Oh ! Monseigneur, quels regrets vous me donnez ! J'ai là cinq cents hommes de troupe, je ne puis les déplacer.

« — Mais, Monsieur le Gouverneur, vous voulez coloniser le pays, vous ne le pouvez sans prêtres; il faut un grand séminaire comme il faut des casernes. Vous avez tant de locaux militaires, que vous trouverez toujours une place pour abriter vos cinq cents hommes, et moi, je n'en ai pas pour abriter mes prêtres. »

Le gouverneur se tut, puis, après une courte réflexion, il se tourna vers le général Charon, chef du service du génie, qui était favorablement disposé, et lui demanda si l'armée pouvait se passer de cet immeuble.

« — Parfaitement, » répondit le général Charon.

« — Eh bien, dit le gouverneur général en regardant l'évêque, Monseigneur, prenez le camp de Kouba; il est à vous, à la condition, toutefois, que vous ne me demanderez pas d'argent pour l'approprier à sa destination nouvelle. »

Mgr Pavy accepta avec empressement le don et la condition. L'essentiel était de s'emparer du camp, afin d'empêcher tout retour sur cette décision, qui n'avait point encore la sanction ministérielle. Ordre fut donc donné au supérieur, le vénérable M. Girard, d'en prendre possession et d'y installer aussitôt ses séminaristes. C'était le 23 mai.

On ne prit le temps ni de blanchir les murs, ni de remettre les vitres cassées, ni d'organiser le nouveau mobilier. Le déménagement de la troupe et son remplacement par le personnel du grand séminaire commencèrent immédiatement, en sorte que le premier séminariste qui entra put donner la main au dernier soldat qui sortait.

ALGÉRIE. — MAISON-CARRÉE, MAISON-MÈRE DES MISSIONNAIRES D'ALGER (vue du côté opposé à la façade); d'après une photographie.

Cette prise de possession si rapide fut heureuse, car, quelques mois après, Cavaignac n'étant plus à Alger, le ministre de la guerre enjoignit au nouveau gouverneur, M. Changarnier, de conserver le camp, et de n'y laisser entrer à aucun prix les séminaristes. M. Changarnier vint, tout contristé, annoncer lui-même cette nouvelle à Monseigneur.

« — Monsieur le Gouverneur général, répondit l'évêque d'Alger, on vous défend de laisser entrer les séminaristes à Kouba, on ne vous dit pas de les renvoyer. Ils y sont maintenant ; voulez-vous mettre en marche un escadron pour les chasser ?.

« — Ils y sont ? dit le gouverneur.

« — Oui.

« — Eh bien ! qu'ils y restent. »

C'est ainsi que la belle position de Kouba fut acquise à l'Église d'Alger.

Kabylie. — On quitte Alger, non pas encore en chemin de fer, mais commodément en diligence, et une belle grande route, tracée et entretenue comme une route de la métropole, vous conduit tout d'un trait, en douze heures au plus, jusqu'au pied du massif du Djurjura, à Tizi-Ouzou, le seuil même de la pure Kabylie (25 lieues à l'est d'Alger). C'est peut-être un peu prosaïque, mais l'Algérie n'est-elle pas le pays des contrastes, où civilisation et barbarie, poésie et prose se rencontrent, se touchent, ont l'air de se heurter, en réalité fusionnent à merveille ? Ainsi, maintes fois, presque au départ, dans le faubourg même de Mustapha, une longue file de chameaux entrave la circulation des voitures. Un peu plus loin, à quelques kilomètres de la Maison-Carrée, la voie longera un ramassis de gourbis arabes : huttes sales, misérables, d'une odeur, d'une couleur, d'une physionomie toutes locales.

De petits mamelons, des plateaux peu boisés, de vastes plaines assez désertes, quoique cultivées et fertiles, parsemées seulement de loin en loin de gourbis, de fermes ou de villages de colons, voilà en somme le panorama de la Mitidja à Tizi-Ouzou. Sauf les jours de marché, où bêtes et gens encombrent la voie, on peut parcourir des lieues entières sans rencontrer âme qui vive.

La course est assez forte pour arriver à Fort-National. Trois ou quatre heures de montée. Mais c'est bagatelle ! avec une telle nature sous les yeux, le moyen de trouver en sa compagnie les chemins rudes et les heures longues ?

Depuis trente ans, les journaux illustrés ou autres ont si souvent décrit Fort-National (auparavant Fort-Napoléon), que tout le monde se souvient au moins d'en avoir su autrefois l'origine et l'histoire.

C'était le 24 mai 1857 que le maréchal Randon enleva en quelques heures l'immense citadelle de Souq-el-Arba. La puissante tribu des Aït-Iraten se soumit, mais non sans quelque espoir de revanche prochaine. Il importait de couper à la racine toute fausse espérance, en s'établissant solidement sur le terrain du dernier combat. Vingt jours après l'assaut, le 14 juin, la première pierre de Fort-National était solennellement bénite et posée, le troupier quittait le fusil pour la pioche et la pelle, et les travaux commençaient. Les Kabyles ne se sont pas mépris sur l'importance de cette mesure : « Le Fort, disent-ils dans leur pittoresque langage, c'est l'épine plantée dans notre œil. »

Fort-National n'est donc pas autre chose qu'une petite place de guerre, ou, si le mot est trop pompeux, une vaste caserne, solidement assise sur l'une des positions maîtresses du pays, caserne, du reste, tout à fait perfectionnée, flanquée d'une quinzaine de bastions et mesurant 2,400 mètres de développement. Maisons blanches et presque élégantes, rues qui ressemblent à des boulevards, promenades décorées d'arbres, télégraphe, hôpital, parcs d'artillerie, fortin dominant le tout, rien n'y manque de ce qui fait une ville, et une ville de défense ; on n'a même pas oublié l'église, comme en d'autres endroits de l'Algérie, qui trop longtemps, n'ont eu pour abriter l'autel que des cabanes à faire regretter Bethléem. Quatre bataillons peuvent aisément tenir garnison dans la place, outre cent cinquante ou deux cents civils qui forment la population fixe. Le général commandant la subdivision y a sa résidence.

Quand, après avoir traversé, quelquefois non sans peine, le cours débordé de l'Oued-Aïssi, on arrive à ces régions hantées par les aigles et les gypaëtes (980 mètres au-dessus du niveau de la mer), ce n'est pas sans une agréable surprise qu'on se retrouve là, comme dans un coin égaré de la patrie, en face d'une petite ville européenne, qu'on croirait avoir été transportée toute faite comme un jouet d'enfant. Ce n'est pas sans un certain orgueil qu'on se voit entouré d'uniformes de chasseurs ou de zouaves, et qu'on entend le matin, à son réveil, retentir les sonneries les plus connues de nos clairons. Il n'est pas jusqu'aux montagnes qui ne semblent regarder avec étonnement cette nation téméraire qui a osé attenter à leur majestueuse et antique inviolabilité.

Le Fort-National est isolé de tous côtés ; les pentes de la montagne sont rapides, souvent abruptes même, du côté des jardins, ainsi que du côté qui fait face au Jurjura.

En face se dresse le fortin d'Aguemoun, la porte dite Porte de France, et la route qui descend à Tizi-Ouzou; de là part une rue qui aboutit à l'église près de laquelle sont les bâtiments du génie, ceux du train, de l'hôpital, le presbytère et la maison d'école des Sœurs. Des pentes garnies d'arbres conduisent à la crête de la montagne.

KABYLIE. — Vue de Fort-National, d'après un croquis du R. P. Ducat, S. J., pris du village d'Imussaren.

ALGÉRIE. 79

La population algérienne est en grande partie musulmane; mais la charité des missionnaires jette chaque jour, dans le cœur des fanatiques partisans du Prophète, une semence de foi chrétienne qui lèvera à la longue, et consolidera l'œuvre de la conquête mieux que la baïonnette et le canon.

ALGÉRIE. — Type Touareg.

LE SAHARA.

Caravanes. — Mirage. — Simoun. — Voyageurs égarés. — Chaleurs torrides. — Les Touaregs. — Missionnaires et martyrs.

DEVANT nous, distant de cent kilomètres de la côte, se dresse l'Atlas, majestueux et fier. Demandons aux missionnaires ce que ce grand rempart naturel cache de beautés. Arrivé au point culminant de l'un des cols qui en déchirent çà et là la muraille, le voyageur étonné embrasse du regard une plaine immense qui se déroule vers le sud jusqu'à l'horizon lointain où elle semble se confondre avec le ciel.

Cette plaine est l'image de l'Océan, et il serait difficile de dire exactement quelles en sont les limites.

Comme l'Océan, certaines de ses parties sont parsemées d'îles arrosées et fertiles, au sein desquelles sont cachées des cités populeuses, et ces îles, point de relâche de caravanes, ou repaires de pirates, sont tantôt isolées et tantôt groupées en archipels.

Comme l'Océan, elle a ses calmes énervants et ses tempêtes horribles pendant lesquels des flots de sable sont soulevés jusqu'aux nues.

Cette plaine, c'est le *Sahara*, dont le nom signifie *plaine vaste, fauve et nue* ; les îles dont elle est parsemée, s'appellent *Oasis*.

Dans tout le Sahara, le palmier-dattier est l'arbre par excellence : il est, pour l'habitant de l'oasis, ce que les céréales sont pour le fellah du Tell, ce que les troupeaux sont pour le nomade, c'est-à-dire la source de l'existence et la source de la richesse.

Rien n'est plus intéressant que de vivre quelque temps avec une des caravanes qui traversent l'immense solitude. Le chameau s'en va à pas comptés, broutant les rares broussailles qu'il rencontre sur sa route ; c'est à peu près toute sa nourriture. Derrière lui, l'Arabe, impassible et rêveur, fait la route à pied, quelquefois sur sa cavale. Sa voix perçante s'élève par intervalle, pour improviser un chant qui, presque toujours, respire la haine, la vengeance. Il arrive souvent que les autres voyageurs répètent en chœur une espèce de refrain qu'ils composent eux-mêmes. Alors, notre chanteur, encouragé, se laisse aller à toute l'impétuosité de sa verve, son rhythme s'accélère, sa voix devient plus vibrante, et le chant se transforme en une de ces belles mélodies dont Félicien David a si bien saisi le secret.

Ces chants, accompagnés de fifres et d'instruments de percussion, ont parfois quelque chose de discordant. Mais l'oreille s'y fait, et y trouve même un charme particulier. Toute autre musique que cette musique monotone et mélancolique, mais grave et grandiose, ne saurait convenir à ces solitudes. C'est peut-être l'aspect imposant du Sahara qui contribue à donner aux Arabes cette gravité calme, cette impassibilité digne, qu'on s'explique si peu avec la pétulance de leur caractère. Aussi, quand, du haut de son chameau, comme du pont d'un navire, le voyageur parcourt du regard l'horizon, il sent monter de son âme vers DIEU comme le chant d'une prière ou le murmure d'un cantique.

SAHARA. — Le Simoun ; d'après un dessin du R. P. Le Roy.

Mirage et Simoun. — Revenons à notre caravane en marche. A certaines heures de la journée, la gaieté et les chants semblent tout à fait bannis, car on a juste ce qu'il faut de force pour se tenir debout sous ce soleil de plomb. La chaleur est quelquefois si intense, qu'il semble que la terre va s'embraser. Dans le lointain, on aperçoit une sorte de flamme qui flambe dans cette atmosphère ardente, et flotte au-dessus du sol, voilant légèrement l'horizon ; c'est alors surtout que se produit, sur un bas-fond desséché, cet effet de lumière appelé mirage, qui vient si souvent ajouter aux souffrances du voyageur altéré. On voit se dessiner une longue ligne sombre sur laquelle ondulent des collines qui paraissent boisées ; on dirait une belle oasis ombragée de hauts palmiers dont les cimes touchent le ciel. Une presqu'île qui paraît être le prolongement de l'oasis, couverte de beaux arbres touffus disposés en bouquets, nage sur les ondes éblouissantes d'un lac calme, uni, s'étendant bien loin vers l'Orient.

Mais, à votre approche, les bouquets d'arbres plongent dans les flots brillants; leurs troncs disparaissent, puis leur feuillage ; tout s'engloutit et le lac lui-même s'évanouit rapidement, aussitôt que des nuages épais cachent les rayons du soleil.

« — C'est un fantôme, » disent les Arabes.

Oui, un fantôme, et un joli fantôme ! C'est un mirage !...

D'autres fois, l'air prend des teintes plus sinistres, le ciel est plus lourd, le sable plus brûlant, l'horizon s'embrase. Les chameaux marchent d'un air inquiet, et les gens de la caravane suivent plus taciturnes que de coutume. C'est le *Simoun* qui se prépare, la tempête de sable et de feu. Tout à coup on le voit poindre à l'horizon, comme un gros nuage blafard. On n'a que le temps de s'arrêter. Tout le monde met pied à terre.

Il est déjà là, qui obscurcit le soleil et qui répand

partout dans l'air sa poussière impalpable et brûlante. Les chameaux mugissent, lui tournent le dos, se couchent sur le sol, la tête entre leurs genoux et restent dans cette position tout le temps que passe la trombe. L'Arabe, lui, s'étend le long de son chameau, ramène son capuchon sur sa tête, et invoque le nom d'Allah.

On a répété que le Simoun ensevelissait des caravanes entières. Les Arabes m'ont affirmé ne connaître aucun fait de ce genre ; mais le Simoun a parfois des conséquences terribles. Le souci principal d'une caravane, c'est la provision d'eau, qu'il faut porter avec soi, car souvent on marchera plusieurs jours de suite sans trouver ni un puits, ni une source. On enferme cette eau dans des outres en peau de bouc, que l'on hisse sur les chameaux ; mais, au passage du Simoun, l'évaporation produite peut être assez forte pour faire éclater es outres. C'est le plus grand malheur qui puisse arri- à une caravane. Il est irréparable. Les nomades citent des caravanes ainsi décimées. La soif est un fléau qu'ils redoutent bien plus que le Simoun.

Voyageurs égarés. — Un autre danger qui fait périr bien des nomades, c'est quand ils perdent de vue la caravane. Aussi, dès que l'un d'eux s'éloigne de ses compagnons, ont-ils soin de lui crier : « Prends garde de perdre nos traces, le sable ne les garde pas.» Si un voyageur s'égare, ils croient que ce sont des fantômes appelés *djenouns* ou génies qui l'attirent loin de la direction suivie et le laissent périr misérablement.

« Ce malheur a failli m'arriver un jour, raconte un missionnaire. En conversant avec un des cavaliers de la troupe, j'étais resté en arrière, et nous avions fini par perdre la piste, à travers les dunes qui, de distance en distance, mouvementent le terrain. Nous ne tardâmes pas à nous en apercevoir, et, aussitôt je vis à l'inquiétude de mon compagnon, que nous étions égarés. Non loin de là, s'élevait un petit mamelon. Nous y courûmes pour voir de quel côté s'était dirigée la caravane. Nous n'aperçûmes rien que l'espace tout embrasé des feux du soleil ; pas un être vivant, pas une trace !... Je compris alors toute notre imprudence de n'avoir pas écouté l'avis de nos gens : « Prenez garde, ne perdez » jamais de vue la troupe ; ici la direction est partout » la même, car les chemins n'existent pas. » Nous suivîmes pendant près d'une heure la ligne du nord au sud que nous avions gardée jusque-là, et que devait tenir le convoi. Notre position devenait critique, car le soleil baissait, et rien avec nous, ni nourriture, ni eau, ni orge pour nos chevaux. Mes yeux interrogeaient toutes les lignes de l'horizon ; pas un point en mouvement. L'inflexible cercle toujours immense, toujours immobile !

« Quant à l'Arabe, mon compagnon, il ne s'avançait qu'avec précaution, les yeux fixés sur le sol. Il me paraissait surtout occupé à examiner chacune des rares tiges de broussailles qui croissent çà et là à travers les sables. Tout à coup, il pousse un cri de joie, et, mettant pied à terre, il prit une touffe d'absinthe sauvage dans sa main : « — Père, s'écria-t-il, nous sommes sau- » vés ! la caravane est passée là ; un chameau a mordu » cette touffe. » Il se remit en selle, et nous partîmes au galop dans la direction du sud.

« Au bout de dix minutes, nous apercevions à notre droite, une section de la caravane ; et, dans toutes les directions, des cavaliers inquiets, tirant en l'air des coups de fusil, que la distance jusque-là nous avait empêchés d'entendre. A notre vue, les décharges redoublèrent en signe d'allégresse... »

Chaleur torride. — Il ne se passe pas d'année sans que les ardeurs dévorantes du désert ne causent la mort d'un grand nombre d'indigènes.

Écoutons entre mille l'histoire suivante.

C'était au cœur de l'été, il faisait une chaleur accablante, sans un souffle de brise. Depuis plusieurs jours les chasseurs, renonçant à la chasse, passaient leurs journées sous des gourbis improvisés, dans des trous creusés dans le sable.

Un matin, un troupeau d'antilopes se montra près du lieu où ils s'étaient établis. Ahhmed-ben-Amera courut à leur poursuite malgré les conseils de ses compagnons, et le soir il ne rentra pas.

Le lendemain matin, son frère et l'un de ses amis se mirent à sa recherche, mais une faible brise qui s'était élevée pendant la nuit avait effacé ses traces, et les deux chasseurs revinrent au milieu du jour, à moitié morts de chaleur.

Le jour suivant s'annonça tellement redoutable que nul n'osa, le matin, s'aventurer dans les dunes ; cependant, vers les trois heures de l'après-midi, une bonne brise du nord ayant ranimé les pauvres chasseurs, trois d'entre eux partirent dans différentes directions. Au crépuscule, ils se trouvèrent réunis au pied d'un ghourd élevé, devant le cadavre momifié du malheureux Ahhmed.

Il était tellement raide, qu'on aurait pu le planter dans le sable comme un bâton, et si léger qu'on le portait comme une outre sèche.

Les Thouaregs. — Un mot sur ces indigènes du Sahara.

En général les Thouaregs sont de haute taille, quelques-uns même paraissent de vrais géants. Tous sont maigres, secs, nerveux, leurs muscles semblent des ressorts d'acier. Blanche est leur peau, dans l'enfance ; mais le soleil ne tarde pas à lui donner la teinte bronzée spéciale aux habitants des tropiques. Les yeux chez toutes les personnes qui ont dépassé quarante ans, paraissent voilés et obscurs. Cet effet est dû à l'intensité de la lumière et à l'action de la réverbération solaire. Beaucoup deviennent borgnes ou aveugles avant la vieillesse. Chez eux pas d'individus chétifs, rachitiques. Le climat fait rapidement justice de tout ce qui est mal constitué.

Quoique leur alimentation moyenne soit de beaucoup inférieure à celle de l'européen, les hommes sont généralement forts, robustes, infatigables.

Jamais peuple, en effet, ne fut plus pauvre en ressources alimentaires ; chacun mange ce qu'il trouve ou ce qu'il peut se procurer au plus bas prix possible, généralement en petite quantité et tout juste ce qu'il faut pour ne pas mourir, excepté dans le cas où l'occasion se présente de manger gratuitement ; alors l'appétit, surexcité par la gourmandise, ne connaît pas de limites. Les Touaregs, comme tous les animaux de leur pays, supportent admirablement la faim et la soif. Il est de notoriété publique parmi eux qu'un homme, contraint par la nécessité, peut voyager sans boire ni manger pendant plusieurs jours. Le *Kous-Kousou*, mets national des Arabes, apparaît quelquefois, mais en de rares circonstances, sur la table des nobles et des marabouts.

Le voile est d'usage général chez les Touaregs, et ils ne le quittent jamais, ni en voyage ni en repos, pas même pour manger, encore moins pour dormir ; de là, grande difficulté pour voir le visage d'un indigène.

L'usage du voile est hygiénique, dit-on. Il préserve les yeux de l'action trop intense du soleil, le nez et la bouche de la poussière fine des sables et il entretient l'humidité à l'entrée des deux principales voies respiratoires, ce qui est important sous un climat où l'air est excessivement sec.

Les Touaregs, quels qu'ils soient, croiraient manquer aux convenances en se dévoilant devant quelqu'un, à moins que ce ne soit dans l'extrême intimité ou pour satisfaire à la demande d'un médecin à l'effet de constater la nature d'une maladie. A part ces cas exceptionnels, le voile doit toujours couvrir le visage.

Missionnaires et martyrs. — Six membres de la Société des Missionnaires d'Alger ont naguère arrosé de leur sang le sable de l'immense désert.

Au commencement du mois de décembre 1875, les Pères Bouchand, Paulmier et Ménoret, chargés d'établir à Tombouctou la première mission catholique, disaient adieu à l'Algérie et, montés sur leurs chameaux, s'enfonçaient dans le Sahara en chantant le *Te Deum* d'une voix vibrante d'un saint enthousiasme. Deux mois plus tard, des chasseurs d'autruches, appartenant aux tribus qui avoisinent In Salah, retrouvaient les corps décapités des apôtres, en dehors de la route des caravanes et à plus de trente journées du littoral. Leur guide, Arabe musulman, avait été tué avec eux, mais d'une manière différente : il était criblé de blessures, sans doute parce qu'il avait voulu vendre chèrement sa vie, sa tête n'était pas séparée du tronc. Quant aux trois bienheureux Pères, ils avaient, selon le conseil de l'Évangile, tendu, comme des agneaux, leur cou aux égorgeurs. Leurs corps furent retrouvés à demi-couchés les uns sur les autres, comme s'ils s'étaient rapprochés pour se soutenir mutuellement au moment suprême du sacrifice, ou agenouillés pour recevoir les coups de leurs bourreaux.

Cinq ans plus tard, la même Société offrait à Dieu, sur un autre point du grand désert, un nouvel et triple holocauste. Les PP. Richard, Morat et Pouplard étaient assassinés par les Touaregs de leur escorte sur la route de Rhat où ils allaient planter la croix.

Pour venger leurs frères massacrés, les Pères d'Alger continuent de travailler avec un redoublement de zèle et de charité à la régénération morale des fanatiques tribus du Soudan et du Sahara.

LE MAROC.
L'Atlas. — Fez. — Méquinez. Tanger. — Modagor. — Bazar. — Musiciens. — Fantasia arabe.

'EST en suivant les chaînes célèbres de l'Atlas, chantées par les écrivains grecs, latins et musulmans, que nous aborderons au Maroc. « Enracinées dans les profondeurs de la terre, elles portent leurs cimes jusqu'au ciel et remplissent l'espace de leur masse énorme, dit l'historien arabe Ibn Kaldoun. Le voyageur qui veut les traverser doit y mettre plus de huit jours. Elles sont habitées par des peuplades masmoudiennes dont Dieu seul connaît le nombre... »

Commençons notre inspection des centres principaux du Maroc par une visite à la ville la plus industrielle et la plus commerçante, Fez.

Fez. — Elle s'étend, sous la forme d'un 8 immense, entre deux collines sur le sommet desquelles se dressent les ruines de deux anciennes forteresses carrées. Au delà des collines règne un cercle de montagnes. Le fleuve « des Perles » divise la ville en deux parties : la Fez nouvelle sur la rive gauche, la Fez ancienne sur la rive droite ; une ceinture de vieilles murailles crénelées et de grosses tours en calcaire de couleur foncée écroulées sur plusieurs points, enserre la partie ancienne et la nouvelle.

« O Fez, dit un ancien historien arabe, toutes les

MAROC. — AVEUGLE MENDIANT, d'après une photographie.

beautés de la terre sont réunies en toi ! » Et il ajoute que Fez a toujours été le siège de la sagesse, de la science, de la paix, de la religion ; la reine et la mère de toutes les villes de Maghreb ; que ses habitants ont l'esprit plus fin et plus profond que les autres.

Méquinez. — Sa voisine, étendue sur une longue colline, entourée de jardins et de trois rangées de grosses murailles crénelées, couronnée de minarets et de palmiers, gaie et majestueuse comme un faubourg de Constantinople, dessine ses mille terrasses blanches sur l'azur du ciel.

Les Européens qui se hasardent dans l'intérieur du Maroc, sont exposés à plus d'une mésaventure.

Chacun sait, que dans toute l'Afrique septentrionale, on vénère comme saint celui à qui Dieu, en signe de prédilection, a enlevé la raison. M. de Amicis raconte gaîment un incident, dont il faillit être victime par suite de la rencontre d'un de ces « privilégiés du ciel. » « Comme je passai à côté de lui, dit-il, le fou me regarda de travers. Je le fixai ; lui s'arrêta. Il me semblait qu'il préparait dans sa bouche quelque chose à mon adresse ; je m'éloignai au plus vite sans me retourner. « — Vous avez bien fait de vous en aller, me
» dit l'interprète ; car, s'il vous avait craché au visage,
» vous n'auriez pas eu d'autre consolation que de vous
» entendre dire par les Arabes : « Ne t'essuie pas, chré-
» tien fortuné ! n'efface pas le signe de la bienveillance
» céleste. Tu es béni puisque le saint t'a craché au vi-
» sage. »

Les enfants eux-mêmes se font un plaisir d'insulter les étrangers.

« Nous vîmes, continue le même voyageur, deux bambins hauts d'un pied, tout nus, qui se tenaient à peine sur leurs jambes, venir vers nous en chancelant, et, nous montrant leur poing gros comme une noix, crier : « Maudit soit ton père ! »

« Et, comme s'ils avaient peur d'avancer seuls, ils se réunissaient sept ou huit, et ainsi serrés en un groupe qu'on aurait pu porter tout entier sur un plateau, ils s'avançaient d'un air menaçant jusqu'à dix pas de nos mules, balbutiant leurs insolences.

« Comme cela nous amusait ! Un groupe entre autres s'avança contre l'un de nous pour lui souhaiter que je ne sais lequel de ses parents fût rôti. Il leva son crayon : les deux premiers, en se reculant effrayés, heurtèrent les autres, et la moitié de la petite armée culbuta... »

Il n'y a pas de chemin de fer au Maroc ; les routes de l'intérieur sont peu sûres et nécessitent l'emploi de guides.

200 kilomètres séparent Fez du littoral méditerranéen de l'empire.

Tétouan, Ceuta, Tanger sont les trois principaux centres de la partie nord de la côte marocaine.

Tanger. — C'est la résidence du corps diplomatique et consulaire accrédité près de l'empereur du Maroc. Elle a des communications régulières avec l'Europe par Gibraltar : deux fois par semaine un petit bateau à vapeur fait la traversée du détroit. Quand le temps est beau, c'est une des plus charmantes promenades maritimes qui se puissent imaginer. On s'embarque dans la matinée, et, après avoir été bercé pendant quatre heures sur les vagues bleues où se mêlent les eaux de l'Atlantique et de la Méditerranée, on descend sur le sable d'Europe avant que la semelle des souliers ait pu secouer la poussière d'Afrique.

Voici, d'après M. de Amicis, comment s'opère le débarquement d'un Européen à Tanger.

« Du pont du bâtiment, dit-il, on commençait à apercevoir distinctement les blanches maisons de Tanger, lorsqu'une dame espagnole s'écria derrière moi, d'une voix effrayée : « Qu'est-ce que veulent ces gens-là ? » Je regardai du côté qu'elle désignait, et je vis derrière les barques qui s'approchaient pour recueillir les passagers, une nuée d'Arabes déguenillés, à demi-nus, debout dans l'eau jusqu'à mi-cuisse, et s'avançant vers le bâtiment avec des gestes de possédés, semblables à une troupe de pirates qui diraient : « Voilà notre proie ! » Ne sachant qui ils étaient et ce qu'ils voulaient, je descendis un peu inquiet dans un canot avec d'autres voyageurs. Quand nous fûmes à une vingtaine de pas de la rive, toute cette horde, couleur de terre cuite, s'élança sur les embarcations, mit la main sur nous, et commença à vociférer en arabe et en espagnol, jusqu'à ce que nous eussions compris que, les eaux étant trop basses pour approcher, il nous fallait achever la traversée sur leurs épaules. Cette nouvelle dissipa notre appréhension d'être dévalisés, mais éveilla la crainte d'être envahis par la vermine. Les dames furent portées comme en triomphe sur des chaises ; quant à moi, je fis mon entrée en Afrique à califourchon sur un vieux mulâtre, le menton sur son crâne et le bout des pieds dans la mer.

Par un beau temps, la traversée de Tanger à Mogador ne demande que deux journées de navigation.

Mogador. — L'étranger ne tarde pas à s'apercevoir que l'atmosphère de Mogador a un aspect terne, dû à la situation de la ville au milieu d'une plaine de sable ; des particules de sable d'une extrême ténuité flottent constamment dans l'air, portées par des vents alisés ; les narines aspirent le sable avec l'air. On a beau clore hermétiquement les appartements, l'ennemi se glisse par les fentes des portes et des fenêtres ; rien ne l'arrête, et cette perpétuelle invasion de sable est un des plus sérieux inconvénients du séjour de Mogador.

Il paraît d'ailleurs que le climat de cette localité est infiniment plus sain qu'on ne serait porté à le croire. Le vent du nord-est y souffle constamment d'avril à octobre, et disperse les miasmes morbifiques qui empoisonnent l'atmosphère. Ce vent rafraîchit à ce point la température, que Mogador, bien que situé à l'extrémité sud du Maroc, n'a point de chaleurs torrides.

Bazar. — A l'heure du marché le bazar offre le plus pittoresque coup d'œil. « Je renonce, raconte M. Leclercq, à décrire l'encombrement d'hommes et d'animaux, arabes, juifs, nègres, chiens, ânes et chameaux, qui s'y pressent en ce moment ; on ne peut faire deux pas sans se heurter aux teigneux, aux galeux, aux lépreux, dont personne ici ne semble redouter le voisinage. Beaucoup de ces malheureux portent, collé aux tempes, un petit morceau de drap noir grand comme une pièce d'un franc, qui est censé les préserver des névralgies et de toutes sortes de maladies. Du sein de cette foule demi-nue s'élève la plus effroyable cacophonie qui ait jamais assourdi mes oreilles. Les marchands proclament tous au plus fort le prix de leurs denrées, qu'ils promènent au milieu du public ; les porteurs d'eau agitent avec fureur leurs sonnettes, les enfants se battent, s'injurient, gesticulent comme des insensés à propos d'un demi-sou ; mais rarement, ils ont recours aux voies de fait. »

Musiciens. — Plus loin des musiciens indigènes sont au centre d'un groupe de curieux attentifs. Rien de plus simple que l'orchestre arabe : toujours la flûte en roseau dont le son imite celui du proverbial mirliton, castagnettes de fer blanc, tambourin, timbales doubles, petits cailloux agités en mesure dans une sébile de bois, musettes champêtres à un ou deux tuyaux ; le tout accompagnant des voix aigres et nasillardes. Voilà le *nec plus ultra* de la musique marocaine en plein vent.

Fantasia. — Avez-vous vu une fantasia arabe ?

Figurez-vous dans une vaste plaine, rangés en ordre, mille à douze cents cavaliers qui vont s'élancer dans l'arène. A leur tête, des hommes à fière mine, le regard brillant, le front haut comme à la veille d'une bataille.

C'est le bach-agha qui règle et commande les mouvements.

Ces cavaliers arabes, aux longs vêtements blancs soulevés par la course, semblent voler au-dessus des obstacles ; rapides comme l'aigle, brandissant leurs longs fusils, ils se précipitent, arrivent à notre portée, s'arrêtent soudain, tirent et s'enfuient, pour recharger et revenir encore. C'est un immense tourbillon, où hommes et chevaux partagent la même furie et se communiquent leurs passions, « Il s'élance, disait Job en parlant du cheval de l'Arabie, il s'élance, dévorant l'espace, dès que retentit le bruit des armes. Il entend le signal du combat, et il dit : Vah ! De loin il sent l'odeur des batailles, il comprend les excitations des chefs, les clameurs de l'armée. » Tel le peignait, il y a cinq mille ans, l'écrivain sacré, tel nous l'avons sous les yeux.

Les hardis cavaliers passent rapides, par groupes nombreux ou par couples isolés, poussant leur cri de guerre, cri guttural et rauque comme celui du tigre dont leur course rappelle les bonds, brandissant leurs fusils qu'ils lancent dans les airs après les avoir tirés et qu'ils reprennent au vol.

Les Arabes ouvrent des yeux d'admiration et d'orgueil. Les plus beaux chevaux, les meilleurs cavaliers, les plus adroits tireurs, sont l'objet des cris d'enthousiasme.

Mais des cris d'effroi s'élèvent des galeries. C'est un cheval qui vient de s'abattre sur son cavalier. La course furieuse de ceux qui le suivent n'en est pas arrêtée. Voilà, pour nous, spectateurs étrangers, un homme mort. Mais déjà, à travers le tourbillon de la fantasia, dix Arabes ont relevé le cheval qui s'enfuit, et ont emporté l'homme qui ne tarde pas à remonter sur son coursier qu'on lui ramène.

La mission. — Le Maroc est évangélisé par des

Franciscains Observantins. L'Ordre séraphique a des droits particuliers sur ce royaume auquel il a fourni avec tant de générosité et ses premiers missionnaires et ses premiers martyrs. Les origines de la mission du Maroc remontent aux origines mêmes de l'Ordre franciscain.

Le bienheureux patriarche François d'Assise chargea, au commencement du XIIIe siècle, les Frères Bérard, Pierre, Accurse, Ajut et Othon d'aller porter l'Évangile aux mahométans de l'Occident. La mission des intrépides apôtres ne fut pas de longue durée. Outrés de la liberté de leur langage tout apostolique, les farouches partisans du prophète les livrèrent à d'affreux supplices et le Mira-ma-Molin leur trancha la tête de sa propre main, le 16 janvier 1220. Ces premiers témoins du Christ furent suivis dans l'arène sanglante par de nouveaux missionnaires franciscains. Aussi les vingt premières années de l'histoire de la mission du Maroc ne sont-elles qu'un long martyrologe.

En 1223, le Pape Grégoire IX, profitant des bonnes dispositions des califes almohades, établit un siège épiscopal à Fez et désigna pour premier titulaire le franciscain Agnellus. Durant plus de deux siècles, ce siège fut maintenu et occupé par de glorieux pontifes.

Puis le fanatisme de l'islam, qui n'avait jamais désarmé, souleva une persécution plus violente; la mission fut anéantie. Elle se releva, après un demi-siècle d'abandon, mais pour végéter à la merci des moindres caprices des potentats qui gouvernaient l'empire. En 1822, le sultan du Maroc confina même les enfants de Saint-François dans la seule ville de Tanger.

Mais l'Espagne ne pouvait supporter un tel état de choses; lors du dernier traité, (1862) elle mit pour condition de la paix que l'Évangile serait librement prêché dans tout le royaume.

Actuellement près de trois mille catholiques, dispersés dans les villes de Tanger, de Tétouan, de Cahe Bianca, de Mazagran, de Mogador, de Laracas, de Rabat et de Saffi, reçoivent les soins de seize missionnaires franciscains.

Le préfet apostolique réside à Tanger.

TABLE DES MATIÈRES.

PRÉFACE.	5
L'ÉGYPTE. — I. — Alexandrie. — Tantah. — Zagazig. — Le Caire	13
II. — Souvenirs sacrés et souvenirs profanes. — 1. La Sainte Famille en Égypte.	24
2. — Les Pères des déserts de la Thébaïde.	33
3. — Les Pyramides.	38
4. — Les villes mortes de la Haute-Égypte.	43
TRIPOLITAINE. — La Cyrénaïque. — Tripoli. — Les deux Syrtes	54
TUNISIE. — Carthage. — Tunis. — Le Bardo. — Souvenirs profanes et sacrés.	57
ALGÉRIE. — Alger. — Ses évêques. — Souvenirs de la conquête. — La trappe de Staouëli. — Le séminaire de Kouba. — Maison Carrée. — La Kabylie. — Fort-National.	67
LE SAHARA. — Caravanes. — Mirage. — Simoun. — Voyageurs égarés. — Chaleurs torrides. — Les Touaregs. — Missionnaires et martyrs.	80
LE MAROC. — L'Atlas. — Fez. — Méquinez. — Tanger. — Modagor. — Bazar. — Musiciens. — Fantasia arabe.	89

www.ingramcontent.com/pod-product-compliance
Lightning Source LLC
LaVergne TN
LVHW050627090426
835512LV00007B/717